JOHANNES SCHÖBEL

Jagdwaffen

UND JAGDGERÄT
DES HISTORISCHEN MUSEUMS
ZU DRESDEN

AUFNAHMEN
VON JÜRGEN KARPINSKI

MILITÄRVERLAG
DER DEUTSCHEN DEMOKRATISCHEN
REPUBLIK

ISBN 3-327-00860-4

VORWORT

Die Jagdwaffensammlung des Historischen Museums Dresden gehört zu den umfangreichsten und anspruchvollsten auf dem europäischen Kontinent. Sie zählt etwa 3000 Objekte aus der Zeit vom 16. bis zum 18. Jahrhundert, die von der erstaunlichen handwerklichen Perfektion und dem bewundernswerten kunsthandwerklichen Leistungsvermögen jener Epoche künden. Andererseits gibt sie Aufschluß über das Jagdwesen in der Zeit des Absolutismus.

Es kann nur eine kleine Auswahl der wertvollen Waffen und Geräte vorgestellt werden. Absichtlich ist bei den Abbildungen besonderer Wert auf das Detail gelegt worden, das einen Begriff von der Präzision der Herstellung und vom künstlerischen Formenreichtum in der Dekoration vermitteln soll. Die knappe Einführung und die Bilderläuterungen sollen eine weitere Beschäftigung mit der Jagdgeschichte, der Jagd und der dazugehörigen Waffen und Utensilien anregen.

Es sei hier auf die Unterstützung verwiesen, die ich von den wissenschaftlichen Mitarbeitern des Historischen Museums Dieter Schaal und Heidrun Wozel wie auch von den Restauratoren Heinz Lewerken und Winfried Beckert erhalten habe.

Die Zusammenarbeit mit dem Fotografen Jürgen Karpinski bereitete mir erneut Freude. Er schuf mit viel Einfühlungsvermögen Abbildungen von hohem künstlerischem Rang, die dem Charakter der Gegenstände voll gerecht werden.

Ihnen allen sei herzlich gedankt.

Dresden, im Oktober 1975 — Johannes Schöbel

ZUR GESCHICHTE DER JAGD

Die Geschichte der Jagd datiert mit der Geschichte der Menschheit. Das Jagen und Erlegen von Tieren war in der Frühzeit menschlicher Entwicklung Voraussetzung für die Ernährung, für die Kleidung und auch für die Herstellung von primitiven Arbeitsgeräten. Es war neben dem Sammeln von Früchten und Wurzeln Lebensgrundlage der frühzeitlichen Menschen. Im jahrtausendewährenden Prozeß der Auseinandersetzung mit der Natur erwarben sie Erfahrungen, wie sie die Fang- und Jagdmethoden, aber auch die zum Fangen und Jagen erforderlichen Waffen und Geräte verbessern konnten, die bald immer günstigere Gebrauchseigenschaften aufwiesen. Dies wiederum trug dazu bei, daß sich die Jagd als Lebensfaktor stabilisierte.

Mit dem 6. Jahrtausend vollzog sich, von den jeweiligen landschaftlichen und klimatischen Gegebenheiten gefördert oder gehemmt, der Übergang von Jagd, Sammelwirtschaft und Fischfang zum Ackerbau und zur Viehzucht. Die neue Produktionsweise ging mit dem Seßhaftwerden der Stämme einher. Die Jagd erlangte neue Bedeutung. Sie war jetzt nicht mehr so sehr Ernährungsgrundlage der Menschen, sondern vielmehr Mittel zum Schutze vorm Wild, das die mühsam angelegten Felder verwüstete, den

Herden Futter wegfraß oder das Vieh riß. Die Schutzfunktion der Jagd gewann in der Folgezeit immer mehr an Gewicht und erhielt sich bis heute.

Ehemals war die Jagd, wie die Nutzung der Wälder, der Weiden und der Gewässer, ein natürliches und ursprüngliches Recht eines jeden Menschen. Erst mit der Sklavenhalterordnung kam es zu einer Beschneidung dieses Rechts. Aus der zweiten Hälfte des 8. Jahrhunderts sind die Bannforste Kaiser Karls des Großen bekannt. Dies waren für eine allgemeine Nutzung streng ausgenommene Forstgebiete, über die nur der Kaiser verfügte. Waren der Allgemeinheit vorerst nur Jagd und Fischerei in solchen Forsten verwehrt, später dann auch die Holznutzung und vor allem die Rodung. Das Rodeverbot sollte zusammenhängende Jagdgebiete erhalten helfen. Je weiter die Aufspaltung des ehemaligen Karolingerreiches in den nachfolgenden Jahrhunderten gedieh, desto mehr Herrscher nahmen die von Karl dem Großen angemaßten Rechte auch für sich in Anspruch, indem sie ihrerseits die Allgemeinheit von der Nutzung ihres Eigentums, der Weiden, der Forste und der Gewässer, sowie von der Jagd ausschlossen. Willkürakte solcher Art wurden seit dem 16. Jahrhundert in sogenannten Regalien juristisch fixiert.

Die räuberischen Übergriffe des Kaisers und später der Territorialfürsten auf das Gemeineigentum riefen seit dem 9. Jahrhundert immer wieder Unruhen und Aufstände hervor. Im Sachsenspiegel, dem ältesten deutschen Rechtsbuch, das im ersten Drittel des 13. Jahrhunderts datiert, wird seine Rechtsmäßigkeit wie folgt begründet: «Als Gott den Menschen schuf, da gab er ihm Gewalt über Fische und Vögel und alle wilden Tiere. Dadurch haben wir den Beweis von Gott, daß niemand sein Leben noch seine Gesundheit verwirken kann an diesen Dingen.» Dreihundert Jahre später stützt Thomas Müntzer, der wie der Verfasser des Sachsenspiegels, Eike von Repkow, für das Recht aller Menschen auf Jagd und Fischfang ficht, dieses Recht auf Bibelzitate. Auch Martin Luther kann nicht umhin, öffentlich zu bekennen: «Unsere Fürsten sündigen nicht allein damit, daß sie ihrem Amt nicht genug tun und sich der armen Untertanen nicht annehmen, sondern sündigen ganz schwerlich, daß sie mit ihrem vielen unmäßigen Jagen die armen Leute beschweren, den Bauern und Ackerleuten die Früchte verderben. Machen ihnen den Acker gar wüste, und man darf auf keinerlei Weise das Wild aus den Gärten und Äckern wegtreiben, sondern muß es frei Schaden tuen und den Acker, so mit großer Mühe gebauet und gewässert ist, verwüsten lassen.» Doch alle Rechtlichkeitsbeweise, Forderungen und Aufstände hatten entweder keinen oder nur vorübergehend Erfolg. Im Gegenteil, die Lasten und Bedrängnisse, womit die Feudalherren die Bauern heimsuchten, wurden immer größer. Unter Karl dem Großen war nur die hohe Jagd, das heißt das Jagen von Hirschen, Damwild, Rehen, Schwarzwild, Bären, Luchsen, Wölfen, Steinböcken und Gemsen, Auer- und Birkwild, Trappen, Kranichen, Reihern und Schwänen, Privileg des Kaisers. Die niedere Jagd, das heißt das Jagen der anderen Wildtiere, durfte frei ausgeübt werden. Mit den Jagdregalien des 16. Jahrhunderts änderte sich das einschneidend. In den meisten Ländern wurde die Jagd ausschließliches Hoheitsrecht des Landesherren. Die Bauern und die übrige Landbevölkerung hatten dem Jagdherren folgende Leistungen zu erbringen: Jagdhunde zu halten und zu füttern, dem Jagdtroß Unterkunft und Verpflegung zu gewähren, bei Jagden Gespann- und Treiberdienste zu leisten. Welchen Umfang solche Leistungen und Dienste annehmen konnten, soll an einer mehrwöchigen Jagd des Kurfürsten Johann Georg I. von Sachsen gezeigt werden. Zu solchen Jagden wurde nicht nur das gesamte kurfürstliche Jagdpersonal von allen Jagdschlössern und aus allen Revieren, sondern auch der größte Teil des Hofgesindes und der gesamte Landadel beordert. Außer 833 Lohnjägern und 985 Treibern wurden Hunderte von Jagd- und Gespannpferden samt dazugehörigen Knechten sowie die Hunde der kurfürstlichen Jägerei und die der Rittergutsbesitzer sowie 438 Hunde von Schäfern, Fleischern, Schenkwirten und Müllern aufgeboten. Allein dem Jägerhof Dresden gehörten mehr als 350 Jagdhunde zu. Alle diese Menschen und Tiere mußten über Wochen untergebracht und ernährt werden und dies zudem noch im 30jährigen Krieg und inmitten der Ernte. Aber das war bei weitem noch nicht alles, womit die Landbevölkerung, besonders die Bauern, geplagt wurden. Schon der sächsische Kurfürst August hatte angeordnet, alle Einhegungen der Felder zu beseitigen, womit die Äcker vor Wildschaden geschützt wurden. Um zu in sich geschlossenen Jagdrevieren zu kommen, wurden ganze Ortschaften zwangsgeräumt. Grenzten die Besitzungen des niederen Adels an die kurfürstlichen Forste, mußte dieser seine Jagdwaffen an den Landesherren abgeben, damit dem landesherrlichen Hoheitsrecht über die Jagd kein Abbruch getan werde. Das und anderes mehr trug dazu bei, daß nicht nur der Wildreichtum enorm zunahm, sondern auch der Schaden, den das Wild auf Feldern und Äckern anrichtete.

Die Jagdordnung des Kurfürsten August war bei weitem nicht nur Ausdruck der Vorliebe eines Renaissancefürsten, sondern auch eines neu aufkommenden ökonomischen Denkens; denn das bei den fürstlichen Jagden erlegte Wild wurde nur zum geringen Teil in der Hofküche verbraucht. Der größere wurde der Stadtbevölkerung und den Gewerken im Erzbergbau und anderswo verkauft. Die Jagd war zu jener Zeit, zumindest in Sachsen, ein ebenso einnahmesicherer Produktionszweig wie die Landwirtschaft.

Die Landbevölkerung setzte sich auf vielfältige Weise gegen diese Form der Herrenwillkür und deren Folgen zur Wehr. Sie vertrieb das Wild von den Feldern und stellte Fallen. Aus offenem Protest gegen die Jagdwillkür verunsicherten die Wälder Wildererbanden, die dort nicht nur jagten, sondern auch erbitterte Kämpfe mit dem herrschaftlichen Jagdpersonal bestanden. Da so mancher von den Wilderern gegen das am Volk begangene Unrecht ankämpfte, lebten seine Taten im Volke fort. Vor allem in Gebirgsgegenden sind noch viele Legenden lebendig, die hiervon künden. Der Kampf mit den Wilderern nahm an Härte zu, je drakonischer die gegen Wilddieberei verhängten Strafen wurden. Von diesen seien hier nur Zwangsarbeit, Verstümmelung, Verkauf als Galeerensträfling und die Todesstrafe genannt. Der Jagdhistoriker Karl Sälzle weiß in dem von ihm stammenden «Keysers Jagdbrevier» zahlreiche Beispiele von Grausamkeit bei der Bestrafung für Wilddieberei zu nennen. Es heißt dort in einer von dem Eisenacher Generalsuperintendenten N. N. Rephan 1621 veröffentlichten christlichen Jagdpredigten: «Anno 1537 ist durch offnen Druck und Gemälde ausgegangen ein erbärmliche und schreckliche Geschichte von ein Erzbischoffe oder vielmehr grewlichen unmenschen, Wüterichen und Tyrannen, Michael genannt, zu Salzburgk, der ist sonderlich erpicht und gleichsam thöricht aufs Jagen gewesen. (Dem Bischof war ein angeschossener

Hirsch entkommen und auf dem Feld eines Bauern verendet. Der Bauer hatte den Hirsch behalten, weil er viele Kinder hatte. Diese Tat erfuhr der hohe geistliche Herr.) Dieser nun hat den armen Mann nicht allein einziehen und in ein sehr böß Gefängnuss setzen lassen, sondern auch seinem Richter befohlen, Gericht über ihn zu halten und ihn zum Tode zu verurtheilen. Da aber der Richter, so gewissenhafter und frömmer als sein Herr gewesen, solches verweigert, und sich entschuldiget, hat der gottlose Bischof sich selbst auf den Richterstuhl gesetzt und über den armen Mann ein solch mehr denn barbarisch Urteil gefället, man solle ihn stracks in des gefundenen Hirsches Haut einnähen und mit Hunden hetzen, doch mit der angehengten Bedingung, oder vielmehr gifftigen Gespött, wenn er den Hunden entrinnen könne, wie der Hirsch, so sollt er frei sein. Darauf ist er zur Execution geschritten, hat auf offenem Marktplatz ein Jagt angestellet, den armen in die Hirschhaut genäheten Menschen fürfüren lassen, selbst ins Jägerhorn gestoßen, die englischen Hunde (Doggen) angehetzt und lauffen lassen, welche den jammerseligen Mann für ein wild Thier erbärmlich zerfleischet und zerrissen haben, welches alles der Tyrann mit Lust angeschauet.»

Die Proteste und Klagen der Bauern gegen solche Willkürherrschaft wurden von einem Teil der Geistlichkeit und später des fortschrittlichen Bürgertums unterstützt. Mit der Großen Revolution von 1789 wurden vorerst in Frankreich den adligen Souveränen die Hoheitsrechte über die Jagd genommen. Das Jagdrecht auf fremdem Grund und Boden wurde 1798 durch das Gesetz abgeschafft. Im Oktober 1848 mußte angesichts der revolutionären Situation selbst in Preußen dem Hoheitsrecht über die Jagd entsagt werden.

Damit war zwar noch nicht das Recht auf Jagd für die Allgemeinheit wiedergewonnen, aber für die damaligen Verhältnisse die Lage der Bauern wesentlich gebessert.

DIE JAGDARTEN

Als urtümlichste Art der Jagd galt bis weit in die zweite Hälfte des 17. Jahrhunderts hinein die *Hetzjagd*. Sie war nicht nur die aufwendigste, was die teilnehmenden Menschen, Hunde, Pferde und Geschirre anging, sondern auch ihre zeitliche Dauer, die nach Wochen zählte. Da bei dieser Art der Jagd weite Gebiete systematisch durchkämmt wurden, waren die Jagdergebnisse, war die Strecke entsprechend groß. Die Vorbereitung und Führung solcher Hetzjagden verhielten sich wie bei Gefechten. Lange Zeit vorher wurden die Reviere abgesteckt, Stützpunkte und Unterkünfte ausgewählt sowie Einsatz- und Transportpläne aufgestellt. Die Jagdgesellschaft zu Pferde tobte wie ein Sturm durch die Wälder. Treiber scheuchten das Wild auf, begleitet vom Gekläff der Hunde. Zeigte sich ein Stück Wild, ließen die Hundsbuben ein Rudel Hunde los, die es verfolgten und stellten, bis der Jagdherr oder ein anderer herrschaftlicher Teilnehmer der Jagdgesellschaft zur Stelle war, um ihm den Fang zu geben. Geschirre führten die Beute ins Lager und legten sie dort nach Art und Größe der Strecke ab. Am Ende eines Jagdtages wurde das erlegte Wild gewogen und aufgebrochen. Ehe sich die Jagdgesellschaft einem reichlichen Gelage hingab, wurden die Trophäen bewundert und verteilt.

Nach einer Rast, die einige Tage dauern konnte, zog die Jagdgesellschaft zum nächsten Revier, um erneut durch die Wälder zu hetzen.

Meist wurde nur eine bestimmte Wildart gejagt. In dem einen Revier wurde Hirschen, in dem anderen Rehen oder Hasen, Wölfen oder Bären nachgestellt. Ausschlaggebend hierfür war der unterschiedliche Wildbestand in den einzelnen Forsten.

Weitaus weniger aufwendig an Mensch und Tier war die *Pirschjagd*, der mit Leidenschaft schon seit frühesten Zeiten gefrönt wurde. Im 19. Jahrhundert avancierte sie zur Hauptjagdart. Bei ihr streifte der Jagdherr allein durch die Reviere oder in Begleitung von nur wenigen Bediensteten, die ihm weitab folgten. Er beschlich mit List und Ausdauer das Wild, bis es nach Ort und Zeit am günstigsten zu erlegen war. Das setzte eine gewisse Kenntnis der Natur und der Eigenheiten der einzelnen Wildtierarten wie auch eine gewisse Meisterschaft im Jagdhandwerk selbst voraus. Vom Kurfürsten Christian I. von Sachsen ist ein Jagdbuch überliefert, worin auf mehr als achthundert handgeschriebenen Seiten ein vielfältiges Wissen von der Jagd, der Vogelstellerei und dem Fischfang festgehalten ist. Der unbekannte Verfasser versichert einleitend: «Inn diesem Buch ist ordentlich vörzeichnet, was ein Jäger unnd Waidmann durch das gantze Jahr zu den vier unterschiedlichen Zeittenn, als im Lentzen, Sommer, Herbst unnd Winter, vor gutte Lust unnd Gelegenheit mitt Jagenn undt allerlei Waidwergk, wie das Nahmen haben magk, gebrauchen unnd haben kann, mitt allem vleiß fein ordentlich zusammen gezogen: Anno 1590.» Eine Fülle von weidmännischen Erfahrungen und Handreichungen bietend, unterrichtet dieses Buch über die Fährten des Wildes, ob sie frisch oder alt sind, ob sie von jungen oder alten Tieren stammen; darüber, wie man sich an die verschiedenen Wildarten heranpirscht; wo diese sich zu den einzelnen Jahreszeiten am liebsten aufhalten; womit man das eine oder andere Wild an bestimmte Orte fesseln kann. Es lehrt ferner die Herstellung von Giften gegen Raubwild; wie man Fallen stellt; welche Mittel gegen Hundekrankheiten helfen; wie eine Schrotladung oder Schießpulver bereitet werden müssen und anderes mehr. Andererseits ist dieses Lehrbuch für weidgerechtes Jagen, das zu den vorzüglichsten seiner Zeit zählt, noch nicht frei von Aberglauben. Wolle man vermeiden, daß ein Wildbret flieht, tut sich dieser kund, möge man stille stehen und mit einem Topas im Munde dreimal die Worte Grabaton, Vlion, Adonai vor sich hinsagen.

Kraft, Mut, Klugheit, Ausdauer, Geschicklichkeit und Naturverbundenheit waren die Tugenden der Hetzjagd und Pirsch. Weit weniger forderten jene Jagden von ihren Teilnehmern, die Teil von Hoffestlichkeiten waren. Als besondere Vergnüglichkeit galt bei diesen das *eingestellte Jagen*, das vielfältige Varianten kannte. Eine bestand darin, daß Walddistrikte mittels Jagdzeug, also mit Lappen, Netzen und Tüchern, eingegrenzt wurden. In ein solches Areal wurde Wild verschiedener oder auch nur einer Art eingetrieben. Nahe dieser Eingrenzung wurde noch eine zweite errichtet. Dazu wurde eine unbestandene Fläche, eine Wiese oder eine Lichtung, ausersehen. Beide Eingrenzungen waren durch eine Schleuse, den sogenannten Lauf, miteinander verbunden. Die kleinere, unbestandene Eingrenzung wurde mit einem oder mehreren Jagdschirmen bestückt. Das waren überdachte Stände, auf denen die Jagdgesellschaft Platz nahm.

Die Vorbereitungen zu einem solchen eingestellten Jagen forderten einen beträchtlichen Zeit- und Arbeitsaufwand. War das Jagdzeug herangeschafft, mußten Tausende Meter Tücher, Netze und Lappen ausgespannt werden. Dann mußte das Wild zusammengetrieben und schließlich bis zum Jagdtage bewacht werden.

Am Tage der Jagd begab sich die Hofgesellschaft prunkvoll gekleidet zu den Jagdschirmen, wo reichlich gedeckt war. Bedienstete hielten kostbare Büchsen bereit. Hörnerklang eröffnete die Jagd. Rudelweise wurde das Wild durch die Schleuse in die unbestandene Eingrenzung, den Schützenkessel, getrieben, um dort von den Jagdherren erlegt zu werden, die hinter einer sicheren Barriere saßen. Jäger hielten sich bereit, um angeschossenen Tieren den Fang zu geben. Dauerten solche Jagden auch nur wenige Stunden, konnte dennoch die Strecke durchaus groß sein. Im Jagdbuch des Kurfürsten Christians I. heißt es zum eingestellten Jagen auf Hirsche: «Hirschjagen ist auf mancherleiweise zu gebrauchen und liegt gemeiniglich daran, wie es die Herrn gerne haben wollen, darnach müssen sich die Jäger richtenn, denn ein Herr kan faule und wackere Jäger machen, wann er sie nicht recht helt.

Wie einer einen grossenn Waldt zurichtenn sol, das er denselbigenn nach seinenn lust vnnd willenn Jagen kann.

Wann du einen grossen Waldt wilst zurichtenn, das du desselbigen alzeit mechtigk bist:

So thue im also:

Bereite den Waldt dergestalt: das
dich vngeuehrlich an einen ortt dareinführendo du dich
darinnen lesst, es sei mitten im waldt oder holtze. Alldo
schlahe einen pflogk, nim deinen Compast vnnd stelle densel-
bigen, das er recht wie sichs gebühret, hinnen stehet. Wann

Vornemblich aber muß ein Herr drauff sehen, das die Hölzer, die er zu jagen hat, mit gungsamen Wegen geräumt sein, damit man mit dem Zeuge und Tüchern an allen ortten kan fort kommen, so trägt es ihm an Lust und fangen viel zu, das ihme sonsten wohl fehlet.

So muß er sich auch mit also viel Zeuges gefast machen, das der Jägermeister einen weitten ort Holzes damit umbstellen kan, und das er zum Zustellen allemahl genugsam Tücher habe, das hilft ihm das ganze Jagen und fördert gewaltig.

Wann nun die Hölzer also gereumet, so liegt es vornemblich daran, das die Jäger wissen, auf was Manier oder Weise dem Herrn zu Jagen beliebet, so können sie sich mit dem stellen darnach richten.

Etzliche jagen gerne auf die Netz und Hege. Es ist wohl ein Jagen zum Nutz, aber nicht zur Lust.

Etzliche die gerne rennen, die jagen gerne zum Windenn, über weit Feldt, ist lustigk.

Etzliche so gerne schießen, die jagen gerne auf See oder Teich, oder auf fließendem Wasser oder Bächen, ist auch lustigk.

Etzliche machen gerne weitleuffige Jagten.

Etzliche habens gerne gar in engen Stallungen, solches halte ich auch vor gut. Von deswegen, das man der Hirschen desto gewaltiger und mechtiger ist, und das man sie vor die Leutte mit grosser Lust bringen kan.

Wenn man aber einem lieben Freunde eine Lust machen will, so halte ich es dafuer, das die Schützenschirm alle hintereinander auf einer Linien, jedoch in gleicher Weite voneinander gemacht sein, und der Herr der die Lust haben soll, in den ersten und fördersten herin gestellet wird. So müssen alle die Hirsche, so heraus aus dem Lauf lauffen, dem Herrn erstlich zum Schuß lauffen, damit bestehen die Jäger und Jägermeister, dann ich weiß ihr noch wenig, die es also können, und wird den Herren also Lust gnug gemacht. Es kan sich auch wohl zutragen, wenn er zehen Büchsen bei sich im Schirme hätte, das er doch daran nicht genug haben wirdt, und muß zusehen.»

Eingestelltes Jagen wurde aber nicht nur in Forsten, sondern auch in den Residenzen der

Landesherren oder auf Jagdschlössern veranstaltet. Man fing das dazu erforderliche Wild in den Wäldern und transportierte es in eigens dafür hergerichteten Käfigen an den Jagdort. Nicht selten gab es in der Nähe der Schlösser und Residenzen Tiergärten, in denen ständig Wild für Jagdfestlichkeiten dieser Art auf Vorrat gehalten wurde. Diese Tiergärten – die Vorläufer unserer zoologischen Gärten – beherbergten zuweilen auch fremdländische Tiere, die gelegentlich für Tierkämpfe mißbraucht wurden.

In der zweiten Hälfte des 17. Jahrhunderts kam, ausgehend vom Hofe Ludwigs XIV., eine neue Jagdart auf, die *Parforcejagd*. Ihrem Wesen nach ebenfalls Hetzjagd, galt sie aber jeweils nur einem Tier, meist einem Hirsch, aber auch einem Reh oder Schwarzwild. Ein Suchjäger hatte mehrere Tiere mit Hilfe eines Suchhundes aufzuspüren und dem Jagdherren Art, Größe und Stärke zu vermelden. Dieser entschied, welches Tier gehetzt werden sollte. Das Tier der Wahl wurde dann vom Jagdherrn verfolgt, umgeben von Jagdknechten und Jägern sowie von einer Hundemeute, die nicht schneller als das gehetzte Wild sein durfte. Der bekannte Jagdschriftsteller Heinrich Döbel sagt in seinem 1746 erschienenen Buch «Eröffnete Jägerpraktika» von der Parforcejagd: «Der Herr kann sich dabei für sich selbst wohl menagieren, und selbigen (dem Jagen) auch im Fahren beiwohnen. Denn diese Arbeit, die Jagd zu dirigieren und die Hunde in Ordnung zu halten, gehöret für die darzubestellten Jäger, Piqueurs und Besuchknechte.»

War das Tier, oft erst nach langer Verfolgung, ermattet zusammengebrochen, wurde das Halali geblasen, um den Jagdherrn herbeizurufen, der ihm mit dem Hirschfänger den Fang gab. Hielt man den Hirsch noch stark genug, sich zu wehren, mußte ein Jäger sich ihm von hinten nähern, um ihm die Sehnen über den Kniegelenken zu durchschneiden. Erst dann wagte der adlige Jagdherr den Todesstoß.

Bei Parforcejagden wurde viel Prunk getrieben. Die herrschaftlichen Teilnehmer ritten auf edlen Pferden. Ihre Kleider oder Uniformen waren goldbetreßt. Eine Meute Rassehunde begleitete sie. Die Damen folgten in wohlausstaffierten Jagdequipagen.

Seit dem 18. Jahrhundert wurden an den europäischen Höfen sogenannte *Festinjagden* veranstaltet. Sie heißen deshalb so, weil sie von großem festlichem Gepränge begleitet beziehungsweise Teil fürstlicher Festivitäten großen Stils waren. Mit Jagd oder weidgerechtem Erlegen von Wild hatten solche Veranstaltungen jedoch kaum etwas zu tun. Sie waren eher Zeremoniell jener sadistischen Freuden, die die erlauchte Gesellschaft beim Niedermetzeln und Quälen von Tieren ankamen. Ein Zeitgenosse klagt über eine solche Jagd, die 1719 anläßlich der Vermählung eines Sohnes Augusts des Starken, des späteren polnischen Königs August III., stattfand: «Nachmittags 2 Uhr nahte sich dem Hofe ein von Mauro erbautes, reich verziertes, vergoldetes und versilbertes Schiff in Gestalt einer Muschel, die, von vier Hirschkühen gezogen, den Wagen der Diana vorstellte. Darauf befanden sich außer der Göttin und ihrer Begleiterinnen Mitglieder der italienischen Oper, die eine Kantate ‹Diana auf der Elbe› aufführten. Dies war die Einleitung zur Jagd. Nach Beendigung der Musikaufführung jagte man das Wild, ungefähr 300 Stück, darunter 20 große Hirsche und etwa zehn Wildschweine, ins Wasser. Nun begann das Jagen. Zuerst wurden die Schweine im Wasser geschossen. Was aufs Land kam, wurde von den berittenen Fürsten und Kavalieren mit Lanzen niedergestochen oder von den losgelassenen Hunden wieder ins Wasser getrieben. Selbst die Kurprinzessin beteiligte sich vom Pavillon aus am Schießen. Was nicht erlegt wurde, mußte ertrinken. Um sechs Uhr war alles zu Ende.» Auf diese Festinjagd folgte einige Tage später eine Treibjagd. Wie unser Chronist berichtet, wurden bei dieser «Hirsch, Rehe und Hasen von der Hochebene die Abhänge und Schluchten des Plauenschen Grundes heruntergetrieben und unten erlegt, einige Hirsche und ein Bär sogar über die steilen Felsen herabgehetzt.»

Kein geringeres «Vergnügen» bereitete den Damen und ihren Kavalieren das Fuchsprellen. In einem eingegrenzten Teil des Gartens hielten sie dicht am Boden Tücher oder engmaschige Netze auf, damit Füchse, Dachse, Hasen oder andere kleinere Tiere darüber getrieben würden. Lief ein Tier auf das Netz, wurde dieses ruckartig straff gespannt, so daß das Tier in die Höhe geschnellt wurde. Dieses Spiel trieb die feine Gesellschaft so lange, bis sich das Tier das Genick gebrochen hatte oder an anderen Verletzungen verendete. So wurden bei Festlichkeiten am sächsischen Hofe 1722 160 Füchse geprellt, 1747 414 Füchse, 281 Hasen und 39 Dachse und 1751 sogar 687 Füchse.

JAGDWAFFEN UND GERÄTE

Zu den frühesten Waffen dieser Art gehört der *Spieß*, der vor allem als Wurfspieß oder Speer gebraucht wurde. Er ist bereits in der älteren Altsteinzeit (100000 bis 40000 v. u. Z.) vorzufinden und war eines der wichtigsten Werkzeuge für die Beschaffung des Lebensunterhalts. Anfänglich wurde an einen kurzen Holzschaft eine Steinspitze angebunden, die später durch eine aus Bein ersetzt wurde. Zunächst wurde der Speer mit der Hand geworfen und später mit dem Spießwurfbrett, das die Armkraft verstärkte und größere Wurfweite und Treffsicherheit ermöglichte. Versuche haben gelehrt, daß man bei einem handgeworfenen Speer von Treffsicherheit nur bis auf eine Entfernung von 30 oder 40 Metern reden kann, bei einem wurfbrettgeworfenen noch bei einer Entfernung von 70 bis 80 Metern. Seitdem in Gestalt von Bogen und Pfeil die erste Schußwaffe aufkam, wurde der Spieß immer mehr zur Nahwaffe, womit das verwundete Tier den Todesstoß erhielt beziehungsweise niedergehalten wurde. Auch veränderten sich Schaft und Spitze, die schon seit dem 4. Jahrhundert v. u. Z. aus Eisen waren, kaum noch wesentlich. Wenn zwar stets denselben Verwendungszweck als Nahwaffe, lassen die Jagdspieße, die uns aus der Zeit vom 15. bis zum 18. Jahrhundert überkommen sind, eine Spezifizierung der Klinge, das heißt der Spitze, erkennen, die sich bei der Jagd auf bestimmte Tiere ausgebildet hatte. Der Spieß für Rotwild (Hirsch und Reh) hatte eine schmale, lanzettförmige, mit einem kräftigen Mittelgrat versehene Klinge, der Sau- und Bärenspieß dagegen eine breite Klinge, der Gemsspieß lediglich eine kurze Spitze an einem langen Schaft und der Spieß zum Fangen von Fischottern zwei Spitzen mit Widerhaken. Der Schaft oder die Stange bestand aus zähem Holz. Für die Materialwahl war weniger eine bestimmte Holzart ausschlaggebend, als vielmehr, daß das Holz nicht geschnitten und gerundet, sondern gewachsen war. Dem zu entsprechen wurden junge Bäumchen angepflanzt und aufgezogen, bis ihr Stamm die gewünschte Stärke, etwa anderthalb Zoll, erreicht hatte. Die Griffestigkeit der Stange versuchte man damit zu verbessern, daß man kurze Astansätze stehenließ oder auch den Stangenkörper mit Leinen umwickelte. Man schnitt ferner in den Stangenkörper Kerben ein (gepickter Schaft) oder umwand ihn mit Lederriemen, die mit großköpfigen Nägeln befestigt wurden. Der Schaft steckte fest in einer Dülle, die die Klinge fortsetzte. Zwei beiderseits vernietete Bolzen, die durch Dülle und Schaft reichten, verhinderten beim Gebrauch eine Trennung von Klinge und Schaft. Von der Stabilität aller Teile hingen Zuverlässigkeit und Funktionssicherheit der Waffe ab – für den Benutzer unverzichtbare Eigenschaften, wollte er bei einer Gegenwehr des Wildes nicht in lebensgefährliche Bedrängnis kommen. Ein quer zur Dülle auf diese mit Lederriemen aufgebundener Knebel aus Holz, Horn oder Eisen sollte ein zu tiefes Eindringen des Spießes in den Tierkörper verhindern. Nicht selten ist dort, wo Dülle und Schaft ineinander übergehen, Textilwerk in Gestalt von Fransen und Troddeln angebracht. Diese textilen Teile waren keinesfalls nur als Zierat gedacht, sondern sollten auch den austretenden Schweiß des Tieres abfangen, damit der Schaft sauber und griffig blieb. Zuweilen schmükken Klinge und Knebel dekorative Verzierungen wie auch die Wappen oder Insignien des Jagdherrn. Dennoch war der Spieß hauptsächlich eine Waffe der Jagdbediensteten. Nur in Ausnahmefällen handhabten ihn der Jagdherr oder seine Jagdgäste selbst.

Die Waffe des berittenen Jägers war das *Jagdschwert*, dem wir im 15. und 16. Jahrhundert als Schweinsschwert und später als Hirschfänger begegnen. Es stammte vom Kampfschwert der Ritter her, war jedoch länger als dieses; denn mit ihm sollte Wild vom Pferde aus, das heißt auf eine relativ große Distanz, erlegt werden. War das Schwert ursprünglich eine Hiebwaffe, wurde es als Jagdschwert vorrangig zur Stichwaffe. Es hatte eine robuste, spitze Klinge, die teils einschneidig und teils auch zweischneidig war. Bei der einschneidigen Klinge mit Rücken war deren Spitze häufig bis etwa zum zweiten Drittel der Gesamtlänge der Klinge zweischneidig. Die obere Schneide ging dann allmählich in den Rücken über, der der Waffe Stabilität verlieh. Bei der zweischneidigen Klinge wurde die erforderliche Stabilität durch einen Mittelgrat längs der Klinge erreicht. Den Griff des Jagdschwertes bildeten wie den des Kampfschwertes der Knauf, das Gehilze als eigentlicher Griffteil und die Kreuzstangen. Modische Abänderungen dessen hatten kaum praktische Bedeutung. So wurden die ursprünglich geraden Parierstangen S-förmig gebogen. Zuweilen wurde der Griff auch mit einem Faustschutzbügel versehen, der bei der Jagd aber kaum erforderlich war. Wohl eher praktische Bedeutung hatte das etwas längere Griffteil einer Gruppe von Jagdschwertern, das ein Nachfassen der Hand beim Kampf ermöglichte. *Das Schweinsschwert* war gegen Ende des 15. Jahrhunderts besonders in Deutschland und Spanien verbreitet und soll sein Entstehen Kaiser Maximilian I. verdanken. Es war eine kurzlebige Waffe, die gegen Mitte des 16. Jahrhunderts wieder verschwand. Ihr Griff war überlang. Allerdings war ihre Klinge etwas anders geartet. Sie war zu etwa zwei Dritteln Stab, während das vordere Drittel in eine lanzettförmige Spitze auslief. Da, wo Stab und Spitze ineinander übergehen, befindet sich häufig eine runde Scheibe, die ein zu tiefes Eindringen der Klinge in den Tierkörper verhindern sollte. Andere Typen von Schweinsschwertern ähneln dem normalen Jagdschwert, lediglich ihre Klinge ist breiter. Ein Loch im vorderen Drittel der Klinge diente dem Aufbinden eines Knebels, der die Funktion der runden Scheibe beim Stabschwert hatte.

Aus dem Jagdschwert ging der *Hirschfänger* hervor, der bis ins 19. Jahrhundert die am meisten getragene kalte Waffe und noch im 20. Jahrhundert das Standessymbol der Forstbeamten war. Der Name dieser Waffe kam gegen Mitte des 17. Jahrhunderts auf. Sie wurde von Jagdherren ebenso getragen wie von Jägern und galt als Zeichen des ausgebildeten

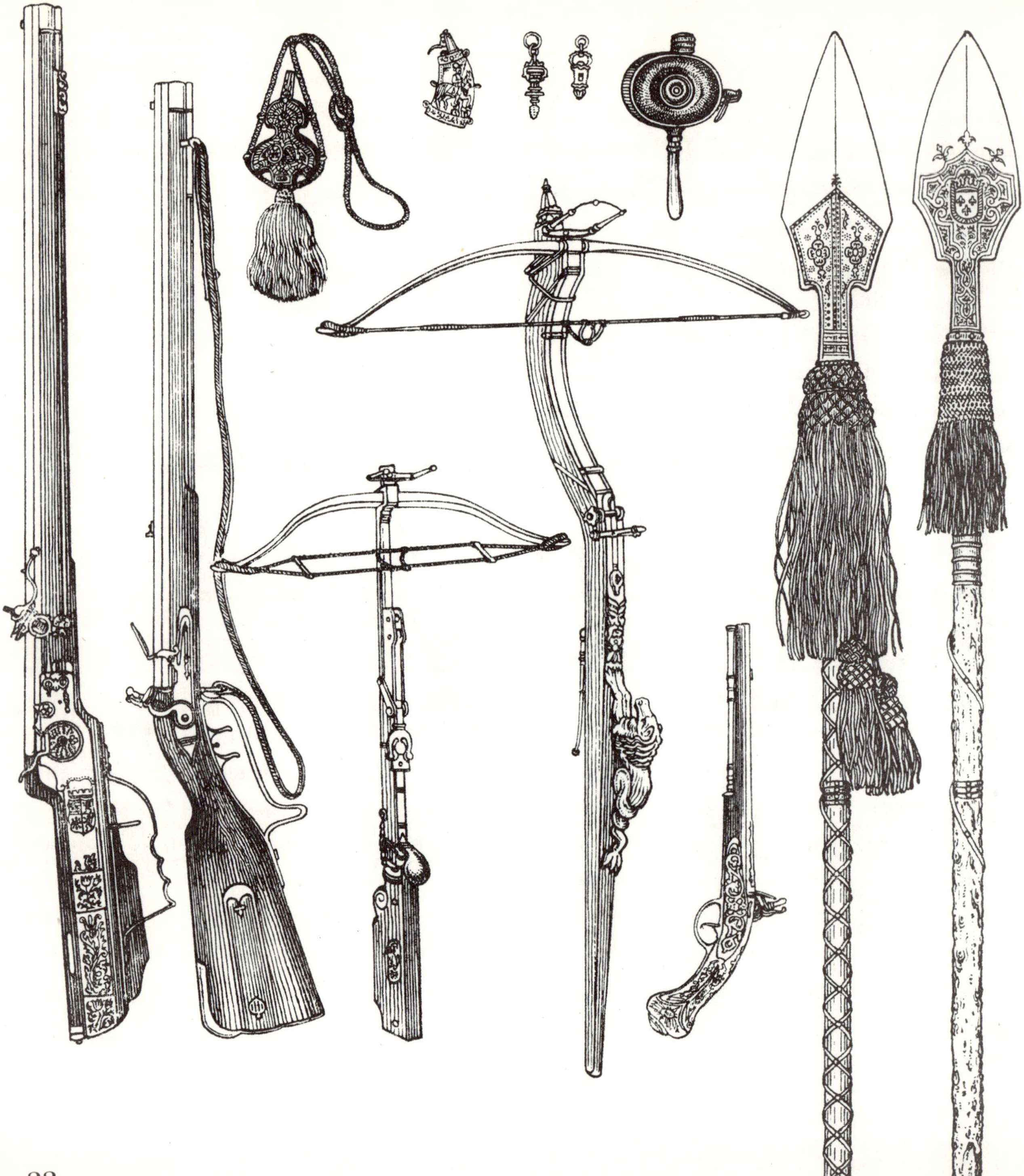

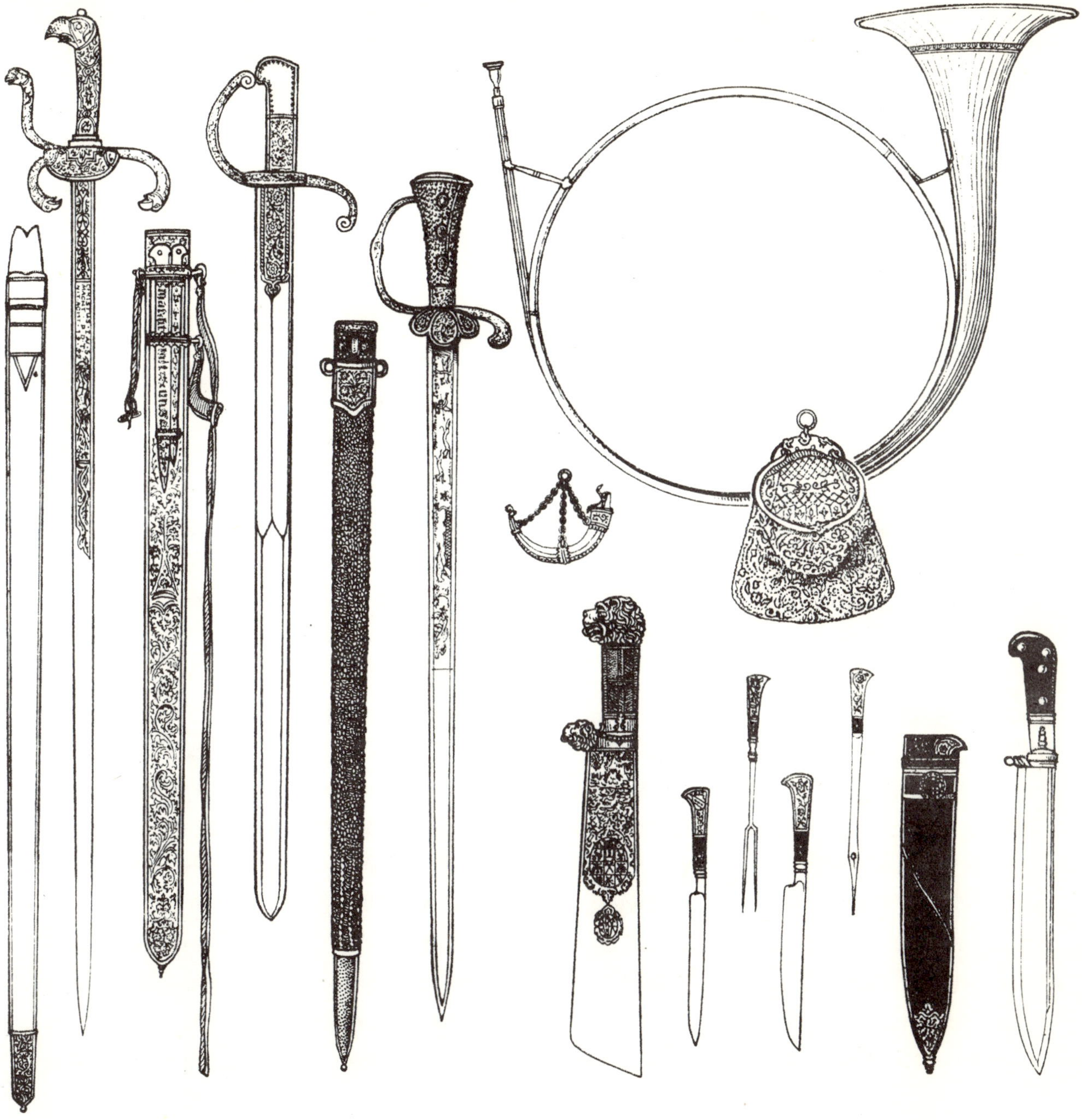

Jägers. Sie diente zum Erlegen von Rot- und Damwild, aber auch von schwachem Schwarzwild, wie Bachen und Frischlingen. Ihre Klingen gleichen in vieler Hinsicht denen der Jagdschwerter. Sie hatten ebenfalls einen Rücken, der die erforderliche Stabilität sicherte, und meist eine zweischneidige Spitze. Jedoch waren ihre Klingen kürzer als die der Jagdschwerter. Daraus ergaben sich im allgemeinen günstigere Gebrauchseigenschaften. Allerdings mußte der Jagende vom Pferd absitzen, wollte er einem Tier den Todesstoß geben. Das Gefäß bildeten in der Regel die Griffkappe, das Gehilze und die Stangen, die bei einigen Waffen sehr kurz waren. Zuweilen gehörte zum Gefäß auch ein Stichblatt, das beim Hirschfänger jedoch nicht die Bedeutung hatte wie bei einer Kampfwaffe, nämlich die Hand des Waffenträgers vor einem Stich des Gegners zu schützen. Das Stichblatt sollte hier eher den Scheidenmund vor eindringendem Wasser schützen und damit verhindern, daß Klinge wie auch Besteckmesser einrosteten.

Die Scheiden von Jagdschwertern und Hirschfängern waren gewöhnlich aus Holz, das mit Leder, Stoff oder anderem Material umkleidet war. Metallene Beschläge verstärkten die besonders beanspruchten Teile: den Scheidenmund, ein Mundblech und die Spitze ein Ortband. Auf ihrer Vorderseite waren in den Oberteil der Scheide meist Behältnisse zur Aufnahme von Besteckteilen, Messern und ähnlichem, eingearbeitet.

Zwar keine Jagdwaffe im eigentlichen Sinne, aber wichtiges Werkzeug und Attribut des weidgerechten Jägers war vom 16. bis zum 18. Jahrhundert das *Weidbesteck*. Es bestand aus der *Plötze* und diversen Besteckteilen, wie verschiedenen Messern, der Spicknadel, der Feile und anderem mehr. Die Plötze – dieser Name findet sich zwar in den Inventaren des 16. bis 18. Jahrhunderts vor, wird jedoch in der zeitgenössischen Literatur kaum gebraucht, dafür aber der Name Weidmesser – ist ein Hiebmesser mit schwerer, breiter Klinge und einem kurzen Griff. Sie war ein wichtiges Werkzeug; denn damit wurden die erlegten Tiere aufgebrochen und zerlegt, Knochen zerschlagen und Gehörne abgelöst. Ebenso diente sie zum Freihauen der Jagdstände und Pirschgänge von Ästen und Gestrüpp, weshalb sie gelegentlich auch Standhauer genannt wurde. Schließlich war sie auch Mittel des Strafvollzugs bei unweidmännischem Verhalten, das heißt bei Verstößen gegen die Jägersprache und die

Jagdgebräuche. Die Strafe bestand meist in drei Schlägen mit der flachen Klinge auf das Gesäß. Die meist lederne, mit metallenen Beschlägen verstärkte Scheide enthielt wie die des Hirschfängers 3 bis 5 Besteckteile – Werkzeuge zum Zerwirken des Wildes und Eßwerkzeuge für die Jagdtafel. Die Plötze mit ihrer breiten Klinge diente oft als Vorlegemesser.

Das Weidbesteck führten in der Regel Jagdbedienstete bei sich, die auch das erlegte Wild aufzubrechen und auszulösen hatten. Die Jägereikammer des kurfürstlich-sächsischen Hofes zeichnete sich vom 16. bis zum 18. Jahrhundert durch eine besonders große Anzahl reich verzierter und handwerklich wertvoller Weidbestecke aus. Die sächsischen Kurfürsten galten in dieser Zeit als die bedeutendsten Repräsentanten des Jagdwesens und hatten zeitweise das Erzjägeramt inne. Viele dieser Gegenstände gelangten auch als Geschenke an den Hof.

Wie für den Einsatz von Blankwaffen die direkte Berührung von Jäger und Wild charakteristisch ist, ist es für den Einsatz von Schußwaffen die Distanz zwischen beiden. Zu den frühesten Schußwaffen zählen *Bogen und Pfeil* als Weiterentwicklung des Wurfspeeres. Bekannt seit dem 15. Jahrtausend v. u. Z., wurden sie noch weit in das 18. Jahrhundert hinein als Waffe gebraucht, sowohl bei der Jagd als auch im bewaffneten Kampf. Als Vorzüge dieser Waffe wurden gerühmt, daß sie leicht, wenig störanfällig, fast lautlos beim Schuß, schnell zu bedienen und bis auf eine Entfernung von 250 Schritt sehr treffsicher war.

Die *Armbrust* hatte es vornehmlich ihrer höheren Durchschlagskraft zu verdanken, daß sie vorerst als Kampfwaffe und seit dem 12. und 13. Jahrhundert auch als Jagdwaffe Bogen und Pfeil den Rang streitig machen konnte.

Der erste schriftliche und bildliche Nachweis der Armbrust kommt aus China und datiert im 3. Jahrhundert v. u. Z. In Europa berichtet zuerst Vegetius 385 in seiner Schrift «Epitome institutionum rei militaris» von einer Maschine zum Abschießen von Bolzen als Handwaffe der leichten Truppen. In dieselbe Zeit gehören die beiden Armbrustdarstellungen, die zwei Basreliefs einer Halbsäule aus Solignac sur Loire und das Fragment eines Frieses aus Puy zeigen. Es muß vermutet werden, daß sich diese Waffe zu jener Zeit noch nicht gegenüber dem Bogen durchsetzen konnte; denn erst im 10. Jahrhundert tauchten wieder bildliche Darstellungen von dieser auf. Von da ab dominierte sie allerdings sehr rasch als Schußwaffe. Offensichtlich hatten sich die technologischen Voraussetzungen ihrer Herstellung und Handhabung gebessert. Vor allem war wohl die stärkere Panzerung der Bewaffneten der Hauptgrund hierfür. Wollte man spürbare militärische Erfolge erzielen, brauchte man eine Waffe mit größerer Durchschlagskraft, als sie Bogen und Pfeil bieten konnten. Galt sie auch beim deutschen Rittertum als unstandesgemäß, konnte dies nichts daran ändern, daß sie als wichtigstes Kampfmittel in die meisten europäischen Heere einzog. Sie erfreute sich als Jagdwaffe auch dann noch großer Beliebtheit, als schon mit der Feuerwaffe gejagt wurde. Lautloser Schuß, größere Treffsicherheit und Durchschlagskraft, geringere Störanfälligkeit und einfache Bedienung waren Vorteile, die mit Feuerwaffen zunächst noch nicht überboten werden konnten.

Eine Armbrust bestand aus Säule, Bogen mit Sehne, Abzugsmechanismus und Spannvorrichtung. Die kräftige Säule aus Holz und der Bogen aus Holz, Horn oder Stahl waren durch eine Strickhalterung miteinander verbunden, die nach dem Abschuß dank ihrer Flexibilität die Schwingungen des Bogens aufnahm und demzufolge weit günstiger als eine starre Verbindung von Säule und Bogen war, wie sie bei einer Reihe italienischer und spanischer Armbrüste vorzufinden ist. Bögen aus Horn wurden vor allem bei Frost eingesetzt, weil bei niedrigen Temperaturen Stahlbögen häufig zerbrachen. Im Militärwesen waren hölzerne Bögen meist Attribut der Armbrüste von Gemeinen. Die Abzugsvorrichtung der Armbrust war verhältnismäßig einfach. In die Säule war in Spannhöhe eine breite Hornscheibe, die sogenannte Nuß, eingelassen, die oben und unten Einkerbungen hatte, so daß in die obere die gespannte Sehne und in die untere der Abzugshebel einrasten konnten. Wurde der Abzug betätigt, rasteten er selbst und die gespannte Sehne aus, so daß der Bolzen, der auf der Säule lag und von einem Bolzenklemmer aus Horn leicht gehalten wurde, mittels der Spannkraft des Bogens nach vorn geschnellt wurde. Der Spannkraft des Bogens entsprach der Spannmechanismus. Bögen mit geringerer Spannkraft konnten mit der Hand oder mit einem Spannhaken gespannt werden, den der Schütze an einem Gurt am Körper trug. Bögen mit größerer Spannkraft wurden mit einer englischen Winde gespannt.

Diese war ein mit Haken, Rollen, Seil und Kurbel versehener Flaschenzug. Hatten die Haken die Sehne gefaßt, wurde die Muskelkraft des Spannenden mittels Rollen, Seils und Kurbel im Verhältnis kleine Kraft/große Last derart auf den Bogen übertragen, daß dieser dabei gespannt wurde. Gebräuchlicher noch als die englische Winde war die deutsche oder Zahnstangenwinde. Das Funktionsprinzip einer solchen Winde unterscheidet sich nicht von dem eines Wagenhebers, nur daß die Armbrustwinde in entgegengesetzter Richtung wirkt. Eine Zahnstange, die am oberen Ende Krallen zum Fassen der Bogensehne hatte, wurde mittels Zahnrads und Kurbel so lange in Richtung zum Spannenden bewegt, bis die Sehne im Rastkerb der Nuß eingerastet war. Danach wurde die Zahnstange durch Bewegen in entgegengesetzter Richtung gelockert, damit die Winde von der Säule wieder abgenommen werden konnte, auf der sie zuvor mittels einer Strickhalterung angebracht worden war, die ein Spannen erst ermöglichte.

Von den Spannvorrichtungen soll noch der Geisfußspanner erwähnt werden, der ein einfacher Holzhebel war und entweder getrennt von der Waffe mitgeführt wurde oder an dieser befestigt war.

Die mit Armbrüsten verschossenen Bolzen waren aus Holz, ihre Spitzen jedoch aus Stahl und entsprechend dem Verwendungszweck von unterschiedlicher Gestalt. Zur Stabilisierung der Flugbahn wurden an ihrem hinteren Ende zwei Flugwildfedern eingearbeitet, die halbiert, beschnitten und oft auch eingefärbt waren.

Es gab auch eine Armbrust, womit speziell Flugwild, aber auch allgemein gejagt wurde, es war der Balester, der sich besonders in Spanien und Italien großer Beliebtheit erfreute. Er unterschied sich von der gewöhnlichen Armbrust dadurch, daß mit ihm keine Bolzen, sondern Kugeln aus Blei, Stein oder Ton verschossen wurden. Anstatt einer hatte der Bogen dieser Waffe zwei übereinander angebrachte, parallel zueinander verlaufende dünne Sehnen, die in der Spannmitte durch einen Kugelsack miteinander verbunden waren, der das Geschoß aufnahm.

Die Anfangsmängel der *Handfeuerwaffen*, wie ungenügende Treffsicherheit, hohe Störanfälligkeit, lautstarker Knall beim Abschuß und danach auftretender Pulverqualm, der das

Wild vergrämte, sowie langwierige Vorbereitung zum Schuß, konnten nicht verhindern, daß diese allmählich auch unter den Jagdwaffen dominierten. Als früheste brauchbare Handfeuerwaffe kam ausgangs des 15. Jahrhunderts das *Luntenschloßgewehr* auf, das vor allem militärisch, aber auch für die Jagd genutzt wurde. Es hatte einen glatten Lauf, der meist auf einen Schaft montiert war. Der Mechanismus seines Schlosses war recht einfach. Ein S-förmiger Luntenhalter war mit dem Abzugshebel verbunden. Im Luntenhalter klemmte die glimmende Lunte – ein mit Bleizucker getränkter Hanfstrick. Beim Laden des Gewehrs wurde in den Lauf eine entsprechende Portion grobkörniges Pulver geschüttet und mit dem Ladestock festgestopft. Auf das Pulver wurde eine Kugel aus Blei gegeben, die mit einem Pflästerchen, einem fettgetränkten Leinenläppchen, umwickelt war. Es sollte gewährleisten, daß die Kugel straff im Lauf auf dem Pulver lag. Danach schüttete der Schütze feinkörniges Pulver in die Pfanne und schloß den Pfannendeckel. Vorm Schuß mußte der Pfannendeckel wieder geöffnet werden, indem dieser zurückgeklappt wurde. Bei Betätigung des Abzughebels neigte sich die glimmende Lunte in die Pfanne, entzündete das dort ausgestreute Pulver, so daß sich die Flamme durch das seitlich am Lauf befindliche Zündloch fraß und die Pulverladung im Lauf entzündete. Der Lauf mußte nach jedem Schuß gereinigt werden, da das Pulver, ein Gemisch aus Salpeter, Schwefel und Holzkohle, erhebliche Verbrennungsrückstände hinterließ.

Im Militärwesen hielt sich das Luntenschloßgewehr bis ins 18. und in Japan sogar bis ins 19. Jahrhundert hinein. Das mochte damit zusammenhängen, daß es verhältnismäßig einfach zu bedienen war und seine Herstellung nur geringe Kosten verursachte, was bei der Ausrüstung von Heeren besonders ins Gewicht fiel.

Zu Beginn des 16. Jahrhunderts kam mit dem *Radschloßgewehr* ein neuer Gewehrtyp auf. Die Erfindung des Radschlosses ist namentlich nicht bekannt, sie wird aber nach neuesten Erkenntnissen in Nürnberg zu suchen sein. Wie das Luntenschloßgewehr war auch das Radschloßgewehr ein Vorderlader. Das Zünden ging nach dem Prinzip des Reibefeuerzeugs vor sich. Ein senkrecht stehendes geriffeltes Rad ragte in eine Aussparung der Pulverpfanne und war im Schloßinnern über eine an der Radachse befestigte Kette mit einer

Blattfeder verbunden, die durch Aufziehen des Rades mit einem Vierkantschlüssel gespannt wurde. Danach wurde Pulver in die Pfanne geschüttet. Bevor der Abzugshebel betätigt wurde, mußte der Hahn, dessen Lippen ein Stück Schwefelkies einklemmten, in die Pfanne gedrückt werden, damit die funkenerzeugende Reibung von Kies und Rad stattfinden konnte. Bei Betätigung des Abzugs spulte sich die Kette infolge Federzugs von der Radachse ab, so daß das Rad eine dreiviertel Umdrehung vollführte und dabei durch seine Reibung am Schwefelkies Funken erzeugte, die das Pulver in der Pfanne entzündeten.

Das Radschloß schaltete den für die Jagd unvorteilhaften Geruch der glimmenden Lunte aus und war ständig einsatzbereit. Von Nachteil war, daß sein komplizierter Mechanismus fortwährender Pflege bedurfte, was beim Gebrauch für die Jagd nicht so ins Gewicht fiel wie beim militärischen Gebrauch. Außerdem überließen die adligen Jagdherren die Pflege ihrer Waffen ohnehin Bediensteten, die sie auch auf den Einsatz vorbereiteten. In der ersten Hälfte des 17. Jahrhunderts fand in Frankreich das *Steinschloß* als neuer Schloßtyp Verbreitung. Sein Vorläufer könnte das Schnappschloß gewesen sein, das bereits seit der zweiten Hälfte des 16. Jahrhunderts bekannt ist. Ein gegen Federkraft gespannter Hahn mit einem eingeklemmten Flintstein schlug bei Betätigung des Abzugs gegen eine aus geriffeltem Stahl bestehende Schlagfläche, die fest mit dem Pfannendeckel verbunden war, so daß es beim Schlag des Hahns zur Funkenbildung und zum gleichzeitigen Öffnen der Pfanne kam. Dieses neue Schloß war bald in ganz Europa anzutreffen. Lediglich in Deutschland bevorzugte man noch bis ins 18. Jahrhundert hinein das Radschloß.

Das Einarbeiten von Zügen in die Läufe, das im 16. Jahrhundert üblich wurde, verbesserte die Treffsicherheit der Handfeuerwaffen bedeutend. Andererseits wurden sie im Hinblick auf Verschmutzung durch Verbrennungsrückstände noch anfälliger und mußten ständig peinlich saubergehalten werden. Verschmandete Läufe neigten leicht zu Deformierungen, die sich auch in einem Auseinanderreißen äußern konnten, was nicht ungefährlich war. Gewehre mit gezogenem Lauf bezeichnet man als Büchse. Sie sind für das Verschießen von Kugeln ausgelegt. Gewehre mit glattem Lauf heißen Flinte. Mit ihnen wird vornehmlich Schrot verschossen.

Seit Mitte des 16. Jahrhunderts datiert der Einbau eines sogenannten Stechers in den Abzugsmechanismus. Das ist ein vor dem Abzug liegender zweiter Abzug in Gestalt einer Nadel, die, war das Schloß gespannt, schon bei der geringsten Berührung den Schuß auslöste. Damit konnte ein Verreißen der Waffe bei Betätigung des Abzugs weitestgehend ausgeschlossen werden.

Seit Mitte des 16. Jahrhunderts wurde auch danach geforscht, wie für Jagdwaffen Mehrschüssigkeit verwirklicht werden konnte. In der Folgezeit tauchten Gewehre mit mehreren Läufen, Zwillings- und Bockgewehre, Drillinge mit nebeneinander- beziehungsweise übereinanderliegenden Läufen, Revolverflinten mit patronierter Munition in Trommelmagazinen, Hinterladersysteme mit Magazinen für Pulver und Kugel im Kolben und andere Waffen dieser Art auf. Als eine besondere Schußwaffe, deren Entwicklung bis ins 15. Jahrhundert zurückreicht, nahm sich unter allen Waffen dieser Art die *Windbüchse* aus. Hier fungierte als Triebkraft des Geschosses nicht Pulver, sondern komprimierte Luft, die in einem von der Waffe getrennten oder in deren Kolben befindlichen Behälter gespeichert wurde. Wegfall von Pulverqualm und Laufverschmutzung, ruhiger Schuß und schnellere Einsatzbereitschaft waren die Vorzüge dieser Waffe gegenüber Feuerwaffen. Mit ihr wurden vor allem Nieder- und Flugwild gejagt. Für die Vogeljagd war in der zweiten Hälfte des 16. Jahrhunderts eine besondere Waffe entstanden, die Tschinke. Sie galt auf Grund ihres geringen Gewichts und ihrer geringen Abmessungen als Damengewehr. Der Name Tschinke geht auf ihren Herstellungsort Teschen zurück. Typisch für diese kleinkalibrigen Gewehre sind der stark abgeknickte Schaft und das außenliegende Schloß. Für die Jagd auf Vögel, vor allem auf Laufvögel, wie Trappen und Fasane, gab es noch die Karrenbüchsen, bis zu drei Meter lange Gewehre, die mit Karren an den Jagdort – ein Feld oder eine Wiese – gefahren wurden. Da das zu erbeutende Wild sehr scheu war, tarnte man die Schießstände als Strohhaufen oder Heufuder. Hatten sich die Tiere an diese Umgebung gewöhnt, konnten die Schützen diese Schießstände aufsuchen und das Wild erlegen. Sollte die Beute zureichend sein, mußten mehrere Schützen gleichzeitig auf die Vögel schießen.

Ob auch mit *Pistolen* gejagt wurde, ist umstritten. Obgleich es zeitgenössische Bilddokumente gibt, wo bei Jagden mit Pistolen geschossen wird, muß angenommen werden, daß dies eher der Lärmerzeugung diente, um das Wild aufzuschrecken. Dennoch wurde im 18. Jahrhundert dem gestellten Wild auch mit Pistolen der Fang gegeben, was nach dem Reglement weidgerechten Jagens jedoch als höchst unweidgemäß galt.

Zur Jagdausstattung gehörte außer den Waffen noch eine Menge Zubehör; so Tücher, Lappen, Federn und Netze, um ein Jagdgebiet einzustellen; Pulverflaschen, um Pulver mitzuführen; bei der Pirschjagd in Papier verpackte Patronen, die die genau bemessene Menge an Pulver für die Treibladung enthielten; in einem Kugelbeutel Bleikugeln und Pflästerchen, die Kugeln zu umwickeln; in Patronengurten oder in Büchsen Pulver- und Schrotpatronen; Hifthörner und Jagdhörner zur Verständigung, Wildpfeifen zum Locken des Wildes bei der Pirsch und vieles andere mehr.

Den Jagdwaffen und auch dem Jagdzubehör vom 16. bis zum 18. Jahrhundert ist hervorragende Qualität nicht nur in der technischen Fertigung, sondern auch in der Formgebung und Dekoration nachzurühmen. Der hohe und höchste Adel als Auftraggeber und die Jagd als besondere Festlichkeit und besonderes Vergnügen erklären die Freude an solchen Gegenständen ebenso wie den Luxus ihrer Ausstattung. Solchen Bedürfnissen Rechnung tragend, hatten sich in den Residenzen und den Handelsmetropolen Gewerke herausgebildet, die handwerklich und künstlerisch hervorragende Jagdwaffen und Jagdutensilien fertigten. Es ist vor allem dem guten Zusammenwirken von Künstlern, die die Vorlagen schufen, und Handwerkern, die diese umsetzten, zu verdanken, daß Waffen und Zubehör von höchster Präzision und technischer Güte, von anspruchsvoller kunsthandwerklicher Gestaltung und Dekoration entstehen konnten. So zieren die Jagdwaffen dieser Zeit Intarsienarbeiten aus Horn, Elfenbein, Holz und Metall, Gold- und Silbertausia, Eisenschnittverzierungen, gegossene Beschläge aus Silber und vergoldeter Bronze, Ätzarbeiten und Gravierungen nach Vorlagen namhafter Künstler. Sie zeugen von der hohen Kunstfertigkeit ihrer Schöpfer – der Goldschmiede, der Elfenbeinschnitzer, der Treibarbeiter und der Holzschneider.

2 | 3

1 Radschloßpistole mit Pulverflasche. Deutsche Arbeit, 1580/1590
2 Zahnstangenwinde. Deutsche Arbeit, 2. Hälfte 16. Jh.
3 Armbrust mit deutscher Zahnstangenwinde. Deutsche Arbeit, 2. Hälfte 16. Jh.

4 Jagdhorn. Dresdener Arbeit, um 1570
5 Monströses Rehbockgehörn. Fassung dänische Arbeit, vor 1555
6 Tranchierbesteck. Französische Arbeit, 1. Hälfte 16. Jh.

4 | 5 | 6

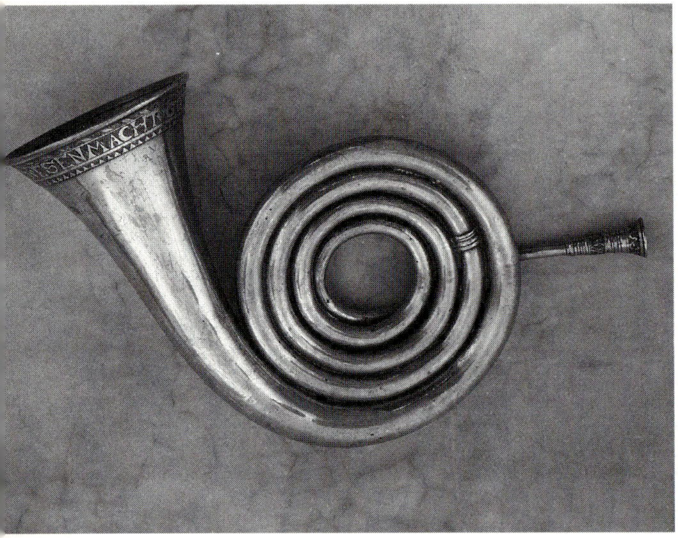

7
8 | 9

7/8 Radschloßpistole mit Schlüssel. Augsburger Arbeit, um 1560
9 Gartenbesteck. Dresdener Arbeit, 2. Drittel 16. Jh.
10 Luntenschloßgewehr. Deutsche Arbeit, Ende 16. Jh.
11 Jagdgarnitur. Dresdener Arbeit, 1608

10 | 11

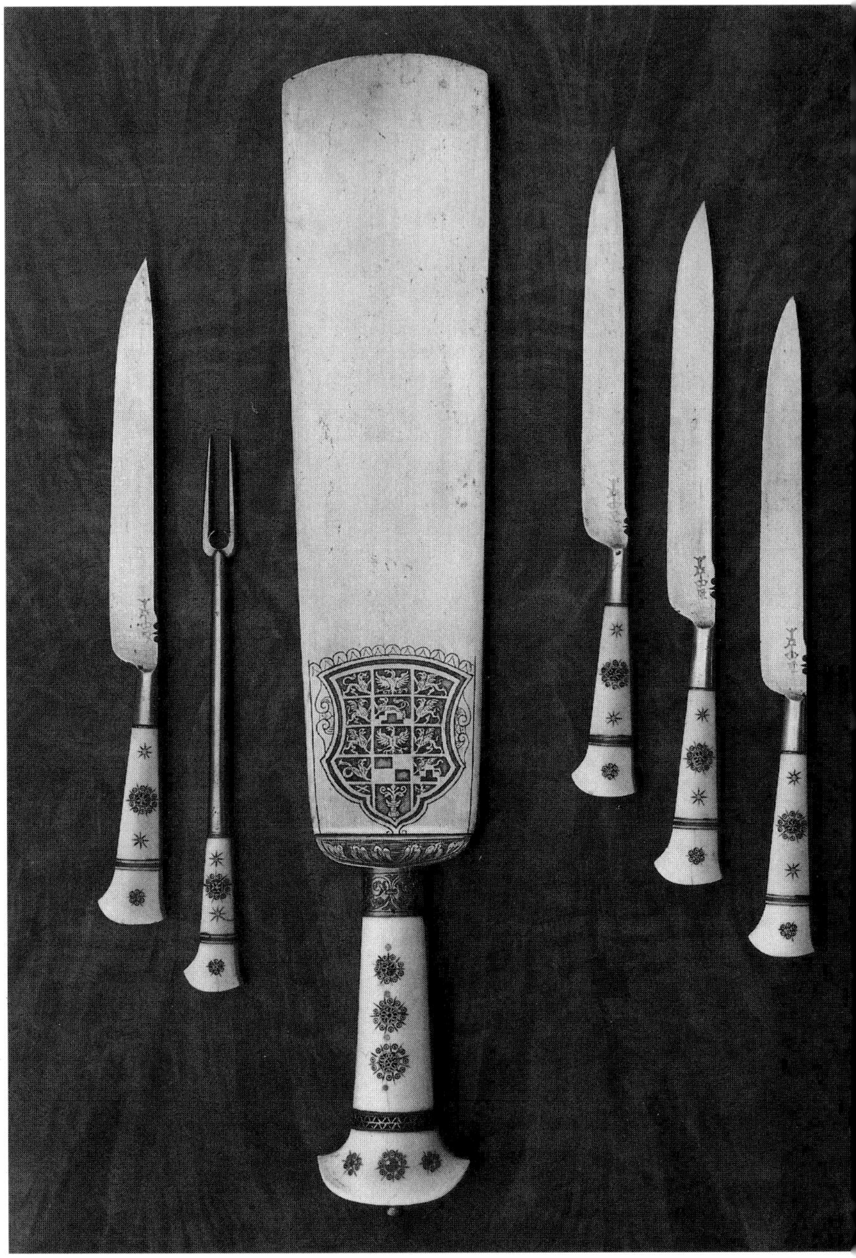

12 | 13

12 Tafelbesteck. Deutsche Arbeit, um 1580
13 Jagdschwert. Deutsche Arbeit, Anfang 17. Jh.

17
27

14 Drei Jagdspieße. Französische Arbeit, um 1590 (rechts und links). Sächsische Arbeit, 1. Hälfte 17. Jh. (Mitte)
15 Radschloßbüchse. Arbeit von Georg Geißler, Dresden, 1611
16 Drei Pulverflaschen. Deutsche Arbeit, 1. Hälfte 17. Jh.
17 Drei Jagdpfeifen. Deutsche Arbeit, die linke und rechte Pfeife Anfang 17. Jh., die mittlere 2. Hälfte 16. Jh.
18 Jagdschwert. Deutsche Arbeit, um 1620

16 | 17 | 18

19 | 20

19 Balester. Italienische Arbeit, Anfang 17. Jh.
20 Hirschfänger. Deutsche Arbeit, vor 1620

21 | 22 | 23

21 Hirschfänger. Deutsche Arbeit, 1708
22 Drei Hifthörner. Deutsche Arbeit, Anfang 17. Jh.
23 Patronenbüchse. Deutsche Arbeit, Anfang 17. Jh.

24 Pulverflasche mit Kugelbeutel. Deutsche Arbeit, Anfang 17. Jh.
25 Zwei Radschloßbüchsen, sogenannte Tschinken. Teschener Arbeit, Anfang 17. Jh.

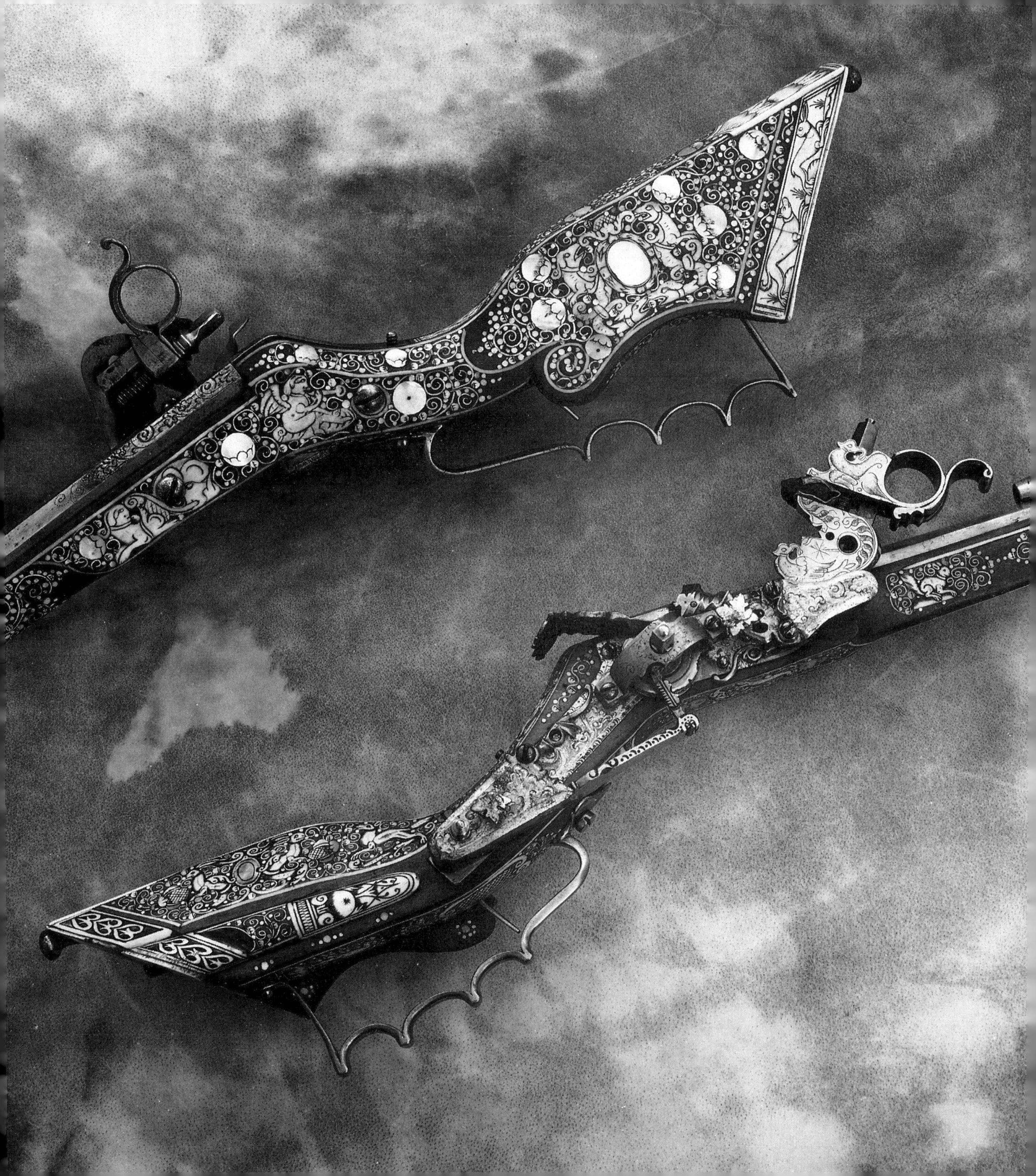

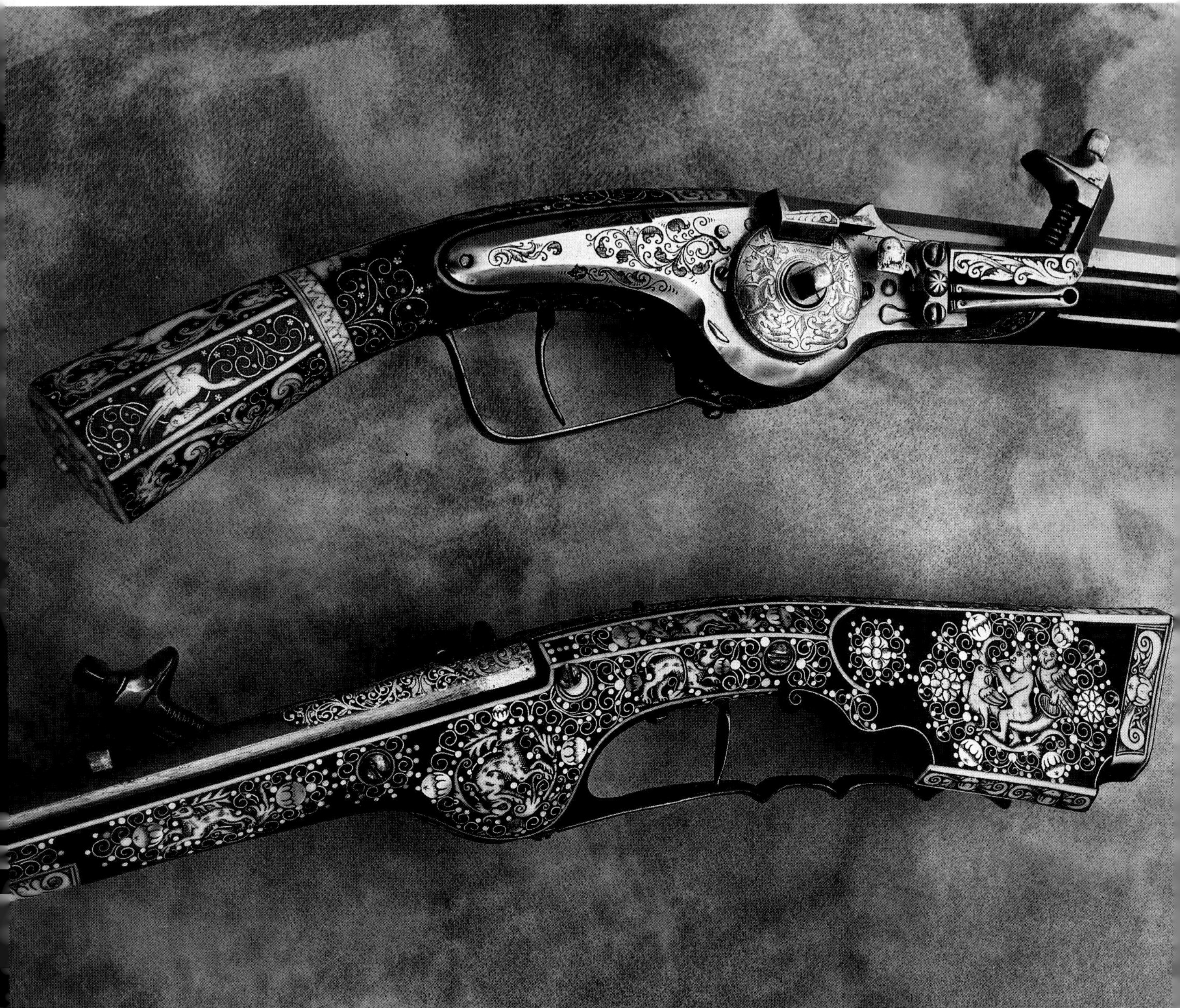

26 | 27

26 Radschloßpistole und Radschloßstutzen. Pistole Arbeit von Martin Süßebecker, Dresden, Stutzen Teschener Arbeit, Mitte 17. Jh.

27 Hirschfänger. Italienische Arbeit, zwischen 1656 und 1671

28 | 29 | 30

28 Radschloßbüchse. Deutsche Arbeit, Mitte 17. Jh.
29 Hirschfänger. Deutsche Arbeit, 1. Hälfte 17. Jh.
30 Jagdhorn. Deutsche Arbeit, 17. Jh.

31 | 32

31 Jagdgarnitur. Deutsche Arbeit, um 1670
32 Hundehalsband. Deutsche Arbeit, um 1660

DELABALENE A LION

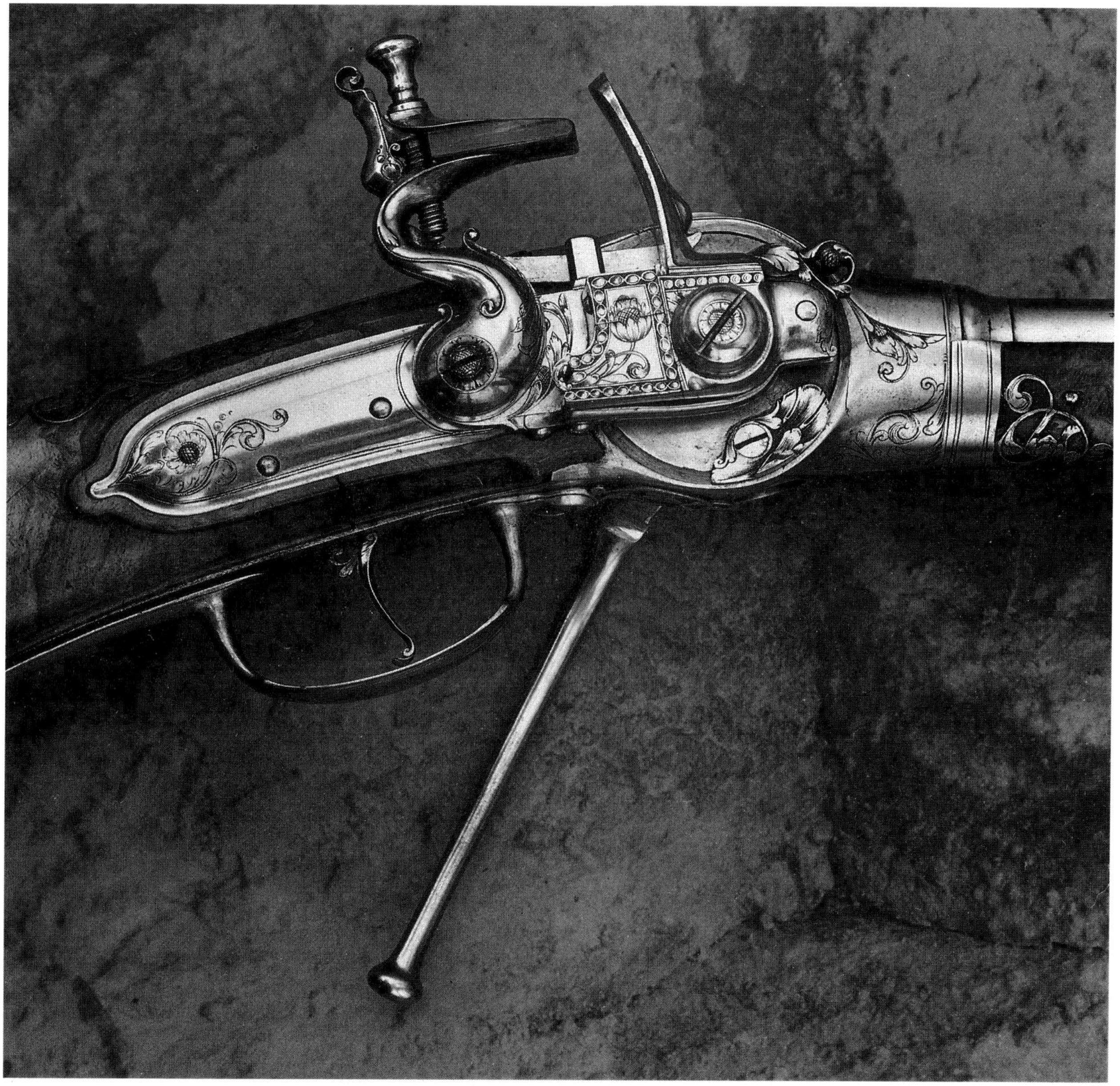

33 Zwillingsgewehr. Arbeit von Pessonneau, Lyon, Ende 17. Jh.
34 Steinschloßgewehr. Arbeit von Johann Escher, Leipzig, 1674
35 Steinschloßgewehr. Arbeit von Georg Zöffel, Wiesenthal, um 1680
36 Radschloßgewehr. Italienische Arbeit, Ende 17. Jh.
37 Steinschloßgewehr als Hinterlader. Arbeit von Giacomo Filippo Bondioli, Bologna, Ende 17. Jh.

36 | 37

38 | 40
39 |

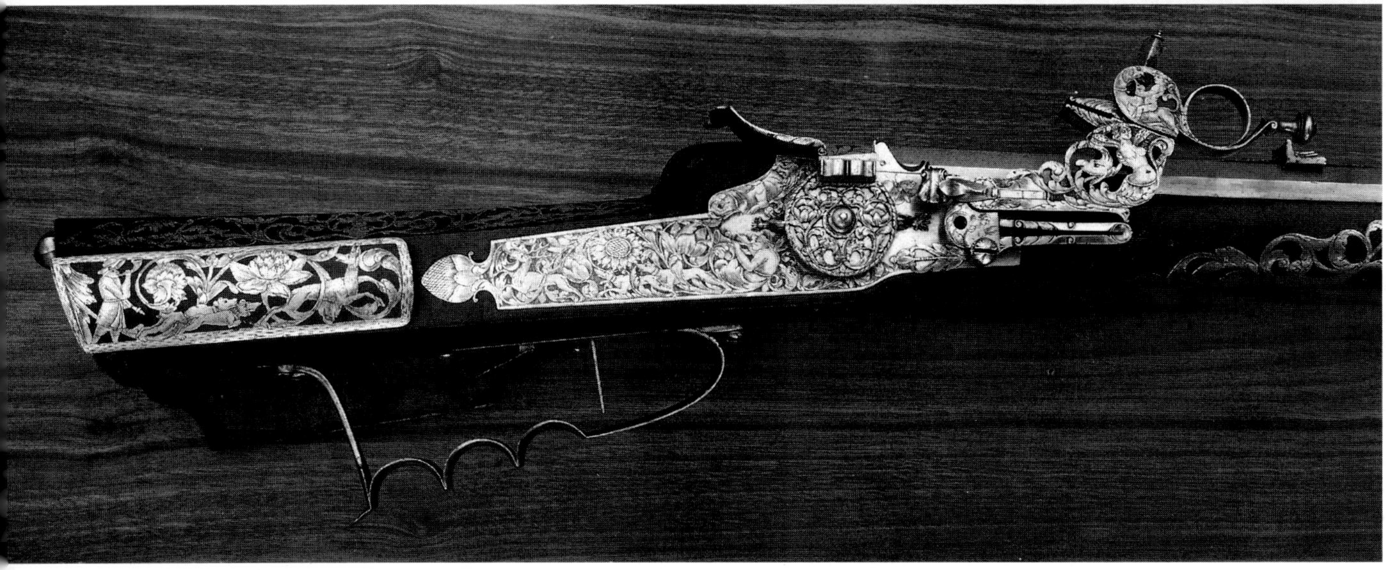

38 Pulverflasche. Deutsche Arbeit, 1687

39/40 Radschloßbüchse. Arbeit von Friedrich Bickhel, Durlach, 1663

41 Revolverflinte. Karlsbader Arbeit, um 1720
42 Windbüchse. Arbeit aus der Manufaktur Olbernhau in Sachsen, Anfang 18. Jh.
43 Hinterladergewehr. Arbeit von J. Brion, Paris, 1. Drittel 18. Jh.

41 | 42
43

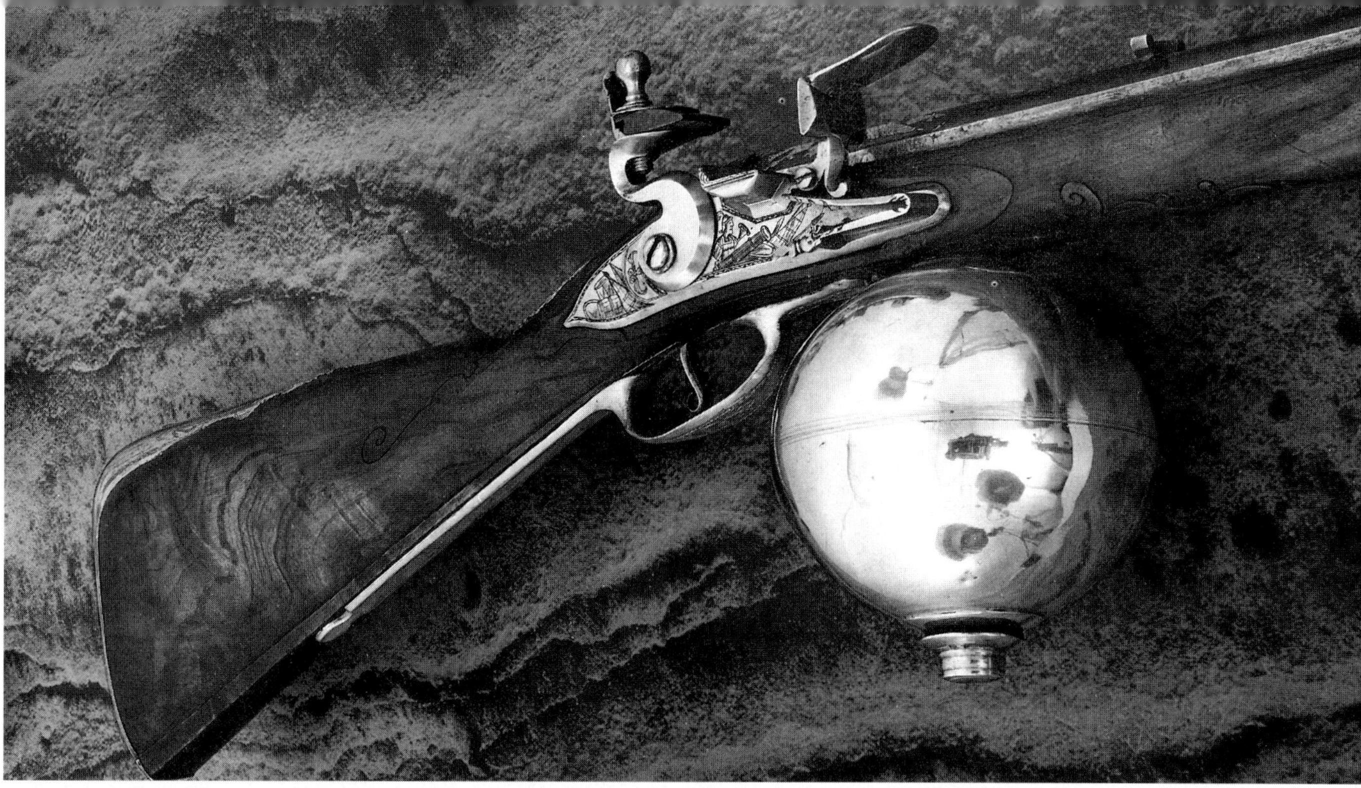

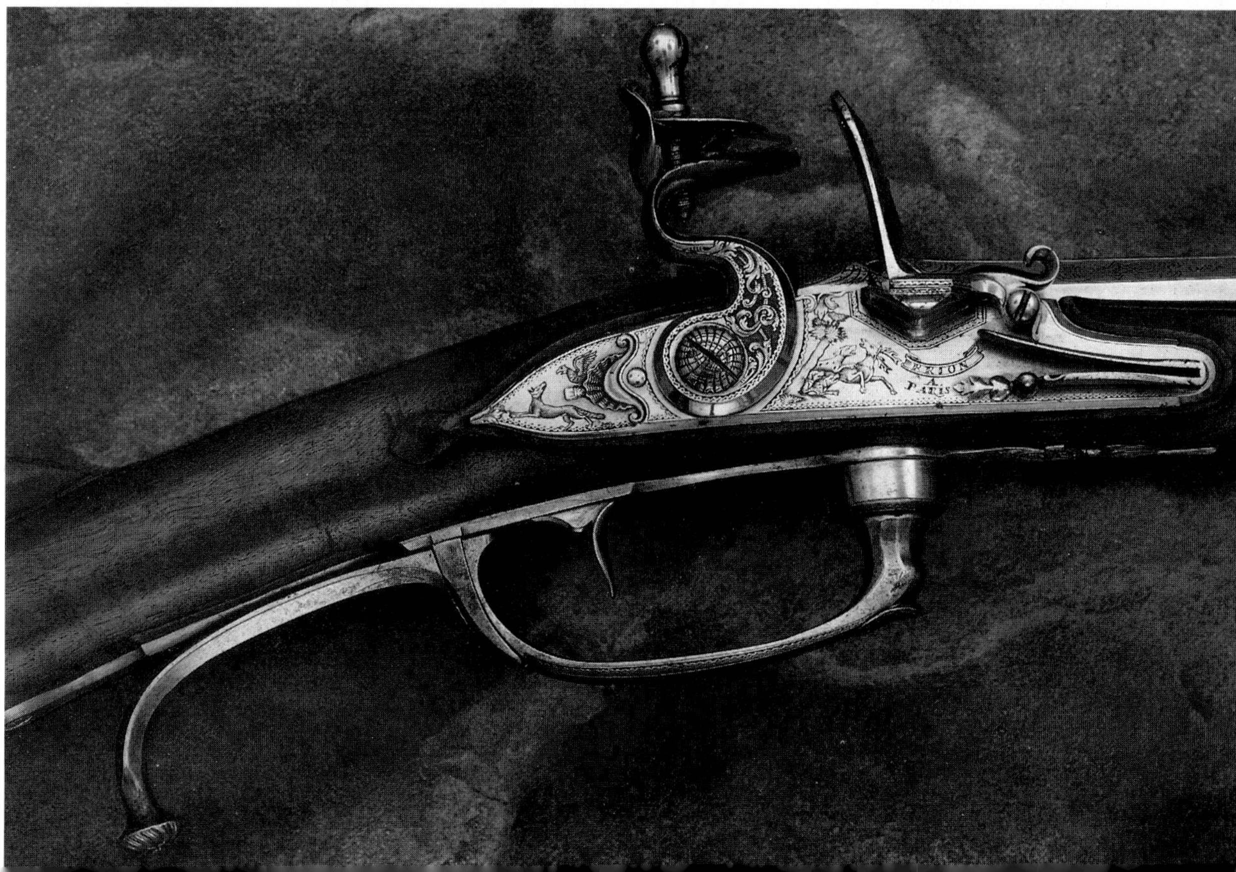

44 Zwei Hirschfänger kombiniert mit Steinschloßpistolen. Sächsische Arbeit, um 1725

45 Zwei Hirschfänger. Japanische Arbeit?, 1. Hälfte 18. Jh. (links). Deutsche Arbeit, um 1690 (rechts)

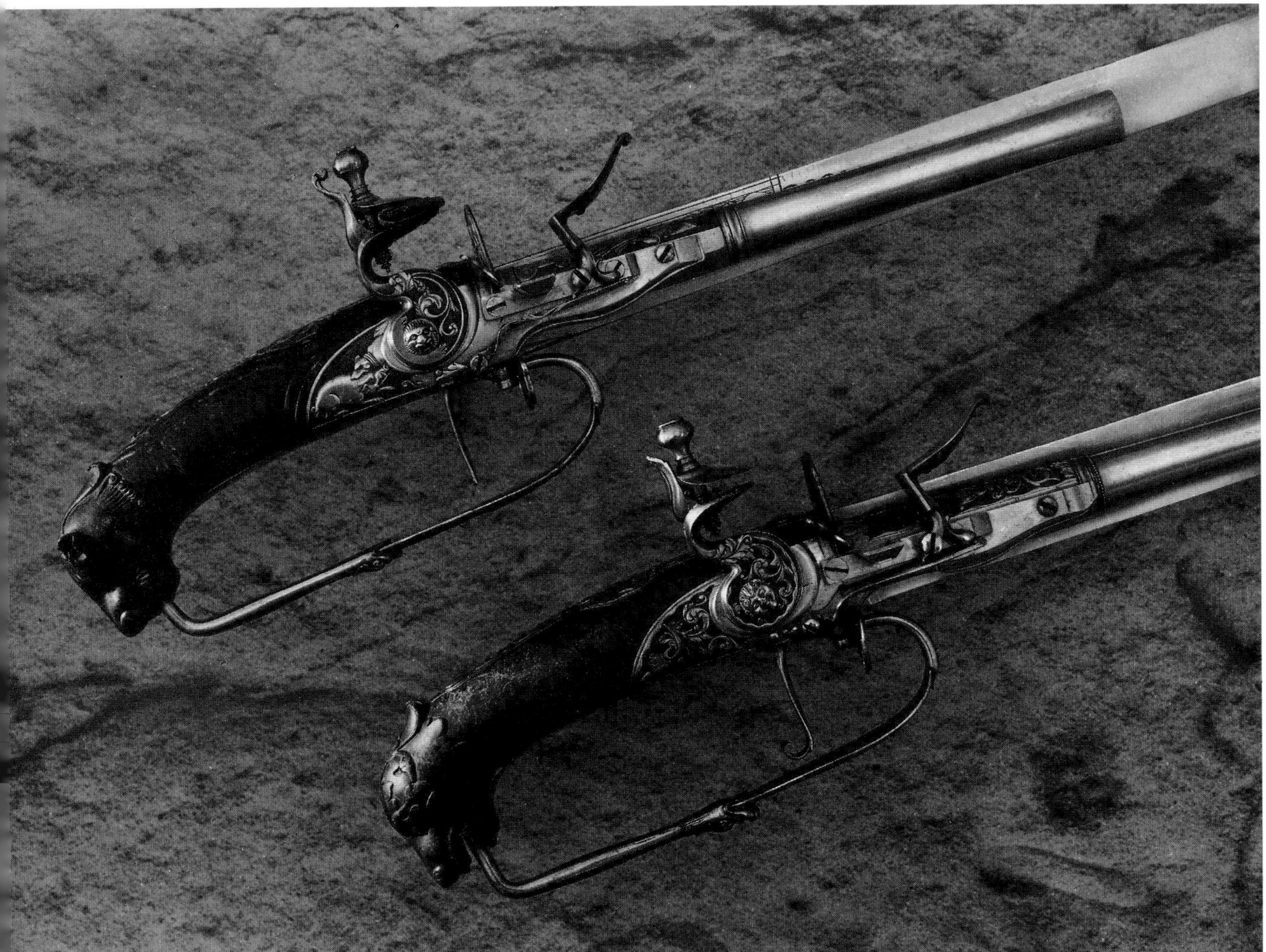

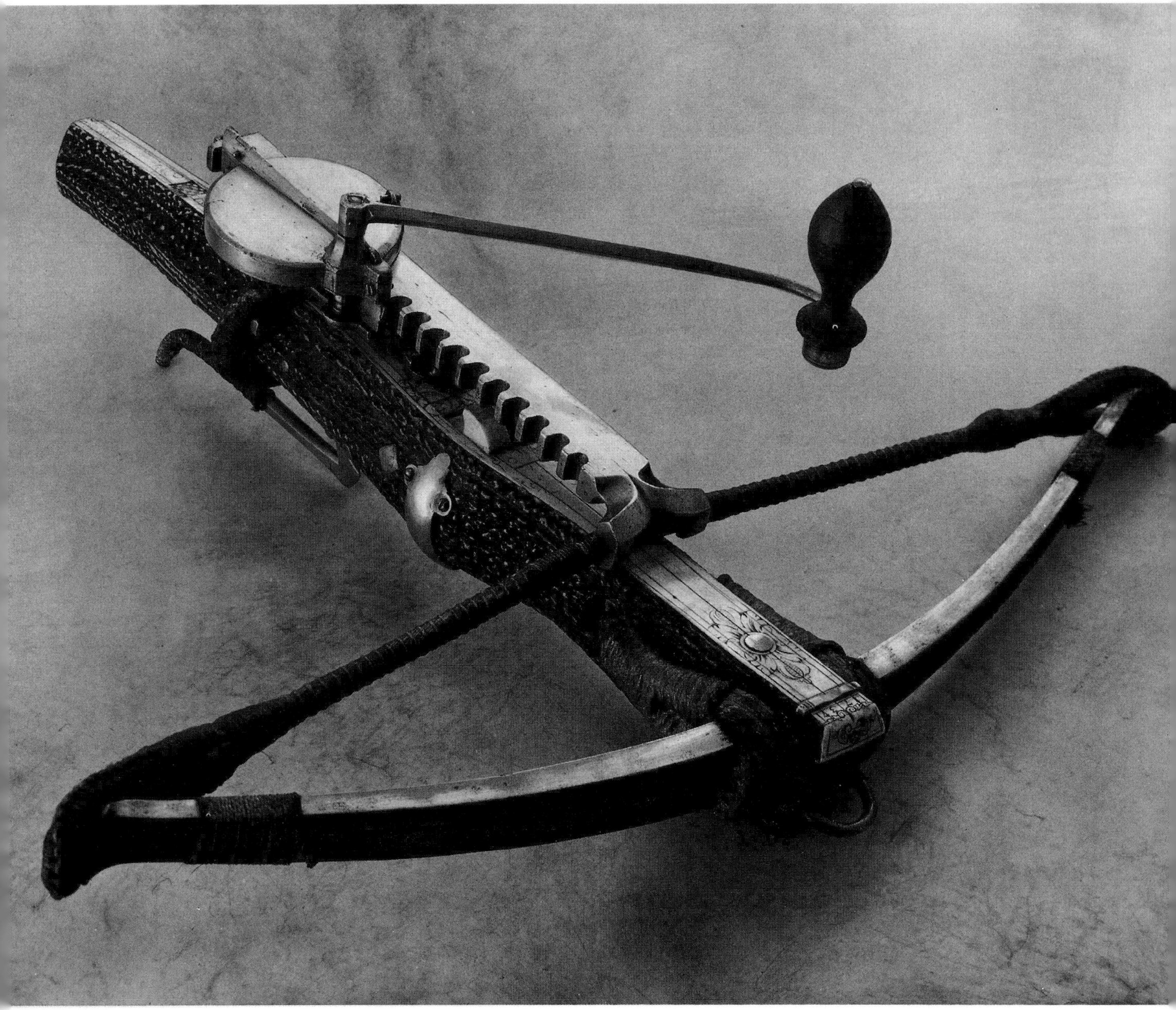

46 | 47

46 Armbrust mit deutscher Zahnstangenwinde. Deutsche Arbeit, 1737
47 Steinschloßflinte. Arbeit von Georg Lippert, Eger, um 1720

48 Zwei Radschloßbüchsen. Arbeit von Johann Joseph Futter, Dresden, 1756 (oben). Arbeit von Johann Leopold Milotta, Dresden, 2. Drittel 17. Jh. (unten)

49 Weidbesteck. Deutsche Arbeit, 2. Drittel 18. Jh.

50 Radschloßbüchse. Arbeit von Johann Leopold Milotta, Dresden 1752

50 | 51

51 Stockgewehr. Deutsche Arbeit?, 18. Jh.

54 | 55

52 Steinschloßbüchse. Arbeit von Philipp Müller, Dresden, 1754
53 Steinschloßgewehr. Arbeit von Johann Friedrich Rewer, Dresden, Mitte 18. Jh.
54 Steinschloßflinte. Arbeit von L. G. Hahn, Wernigerode, 1787
55 Wildbretwaage. Deutsche Arbeit, 1776

Jagd Gewicht
1776.

56 Jagdgewehr. Arbeit von Moritz August Friese, Dresden, 2. Drittel 19. Jh.

BILDERLÄUTERUNGEN

1 Radschloßpistole mit Pulverflasche
Der runde, am Ansatz sechskantige Lauf ist wie Schloßplatte und Raddeckel geätzt und vergoldet. Die gravierte Hirschhorndekoration des Nußbaumschaftes zeigt neben Ornamenten Jagdtiere. Die beigefügte messingvergoldete Miniaturpulverflasche weist geätzte Dekoration auf.
Deutsche Arbeit, 1580/1590
Länge: 41 cm Lauf: 23 cm Gewicht: 1450 g
HMD: 1444/X 1257; Ehrenthal: F 125/F 80

2 Zahnstangenwinde
Die kräftige, schwere Winde ist reich geätzt und mit Schwarzlot grundiert. Die Dekoration zeigt neben Blüten und Ranken die sächsischen Wappen.
Deutsche Arbeit, 2. Hälfte 16. Jh.
Länge: 34 cm Gewicht: 2850 g
HMD: U 125

3 Armbrust
mit deutscher Zahnstangenwinde. Der starke Stahlbogen wird von einer ursprünglich farbigen Strickverankerung gehalten. Er trägt auf der Innenseite eine Marke. Die hölzerne Säule ist auf der Oberseite mit Hirschhorn belegt, während die anderen Seiten eine Dekoration aus gravierten Hirschhorneinlagen aufweisen. Die schlichte Zahnstangenwinde ist markiert und trägt die Jahreszahl 1577.
Deutsche Arbeit, 2. Hälfte 16. Jh.
Länge: 81 cm Breite: 98 cm Gewicht: 10000 g
Winde: 4500 g
HMD: U 146; Ehrenthal Gewehrgalerie: 252a

4 Jagdhorn
Das viermal gewundene blanke Messinghorn zeigt an der zweiten Windung eine ringartige Verstärkung. Das mit dem Horn fest verbundene Mundstück ist sparsam verziert. Am Schalltrichter findet sich die geätzte Umschrift: GOT MEIN HELFER – V.S. ZU DRESDEN

MACHT.
Dresdener Arbeit, um 1570
Breite: 33 cm   Gewicht: 500 g
HMD: X 476; Ehrenthal: M 373

5 Monströses Rehbockgehörn
Die Fassung des monströsen Gehörns bildet ein silbervergoldeter, getriebener, gegossener und gravierter Hängeleuchter in Gestalt eines Rehkopfes, der an drei silbervergoldeten Ketten aufgehängt werden kann. Auf der Stirn des Kopfes befindet sich das dänische Wappen. Diese Trophäe war ein Geschenk Königs Christian III. von Dänemark an den Kurfürsten August von Sachsen um 1555.
Fassung dänische Arbeit, vor 1555
Höhe (Fassung und Gehörn): 34 cm
HMD: X 396; Ehrenthal: S 210

6 Tranchierbesteck
bestehend aus Säge, Hammer-Bohrer-Kombination, Sehnenschneider, zwei Vorlegemessern, Pfriem mit Raspel, zwei Messern und einer Spicknadel. Ein Messer und die Spicknadel sind nicht mit abgebildet. Die Griffe bestehen aus braunem Holz und aus Elfenbein. Die eisernen Klingen sind reich geätzt, graviert und vergoldet. Die Dekoration zeigt vortreffliche Renaissanceornamentik figürlichen und vegetabilen Charakters. Auf den Klingen befindet sich die kupfertauschierte Marke N.
Französische Arbeit, 1. Hälfte 16. Jh.
Länge des großen Vorlegemessers: 35,5 cm
Gewicht: 400 g
HMD: X 555; Ehrenthal: M 26

7/8 Radschloßpistole mit Schlüssel
Der runde, am Ansatz achtkantige Lauf ist geätzt und zeigt die zwölf Monatsbilder mittels Darstellungen aus dem ländlichen Leben. Auf der Schloßplatte finden sich geätzte Jagdszenen. Der Schaft ist mit Hirschhorn eingelegt und zeigt neben Ornamenten Szenen aus der biblischen Geschichte. Am Laufansatz die Augsburger Beschaumarke und eine Meistermarke.
Augsburger Arbeit, um 1560
Länge: 60 cm   Lauf: 38 cm   Gewicht: 1950 g
HMD: 1446; Ehrenthal: F 76

9 Gartenbesteck
in der Art eines Weidbestecks. Es besteht aus einem Stichstahl, unterschiedlichen Messern, einer Säge, einem Pfropfbohrer, einem Schabeeisen in Form eines Stemmeisens und einer Weidplötze. Die dazugehörige Scheide, die außer der Säge alle Instrumente aufnimmt, ist nicht abgebildet. Die eisernen Griffe der Werkzeuge enden in Löwenköpfen und sind mit Bein und Ebenholz eingelegt. Der Bügel der Säge, Pfropfbohrer, Schabeeisen und Weidplötze sind reich geätzt und mit Schwarzlot grundiert. Auf der Klinge das Wappen Caspar v. Schönbergs, der dieses Besteck dem Kurfürsten August von Sachsen als Geschenk vermachte. Ein gleiches Gartenbesteck in der Dresdener Sammlung trägt die Marke des Dresdener Messerschmieds Ullrich Jahn.
Auf den eisernen, getriebenen Beschlägen der dazugehörigen Scheide sind am Mundblech das Schönbergische Wappen und Herkules mit dem Löwen zu sehen.
Dresdener Arbeit, 2. Drittel 16. Jh.
Länge der Weidplötze: 43 cm   Klinge: 28,5 cm
Gewicht: 1250 g
HMD: X 412; Ehrenthal Gewehrgalerie: 110

10 Luntenschloßgewehr
Der blankeiserne Lauf ist im hinteren Drittel achtkantig. Das sparsam verzierte Visierrohr hält den an der Pfanne befestigten Augenschirm. In das kantige Laufende ist eine Visierrinne eingeschnitten. Auf dem Lauf

die Schmiedemarke PM. Der aufgespaltene Luntenhahn hat die Gestalt eines stilisierten Drachenkopfes. Der Abzugsmechanismus liegt hinter der schmalen Schloßplatte und wird mittels des langen Abzugshebels betätigt.
In den flachen Musketenschaft sind Messing- und Perlmuttintarsien eingearbeitet. Die Dekoration zeigt Blüten, Ranken, Früchte und Getier.
Deutsche Arbeit, Ende 16. Jh.
Länge: 156 cm Lauf: 118 cm Gewicht: 5500 g
HMD: 2008; Ehrenthal: F 1–21

11 Jagdgarnitur
Das silberne, vergoldete und geätzte Gefäß des Hirschfängers ist reich mit Smaragden besetzt und trägt am Knauf eine vollplastische, farbig emaillierte Figur, die einen Falknerburschen darstellt. Auf der Klinge mit Rücken und zweischneidiger Spitze ist der Name des Klingenschmiedes S IOANES eingeschlagen. Die Beschläge der grünsamtenen Scheide sind in der gleichen Art wie das Gefäß dekoriert. In der Scheide ist ein Besteckmesser.
Der eiserne Griff des Weidbestecks ist geätzt, mit Hirschhorn belegt und trägt fünf Smaragde in Kastenfassung. Die geätzte Klinge des Weidblattes zeigt das kursächsische Wappen und die Buchstaben CDAHZSC = Christian der Andere (der Zweite) Herzog Zu Sachsen Churfürst sowie die Jahreszahl 1608. Auf den Beschlägen der ehemals grünsamtenen Scheide wiederum emaillierte Jagddarstellungen und Smaragde. In der Scheide stecken vier Besteckmesser. Zu dieser Garnitur gehören außerdem ein Hifthorn, ein Hundehalsband, eine Pulverflasche und eine Jagdtasche.
Dresdener Arbeit, 1608
Hirschfänger: Länge: 96 cm Klinge: 80 cm
Gewicht: 1050 g
Weidbesteck: Länge: 47 cm Klinge: 33 cm
Gewicht: 900 g Scheide: 1350 g
HMD: X 143; Ehrenthal: M 264

12 Tafelbesteck
bestehend aus Vorlegemesser, Gabel und vier gleichen Messern. Die Griffe der Besteckteile sind aus Elfenbein, das band- und rosettenartig mit Messingadern sowie rot- und grüngefärbten Einlagen verziert ist. Die Klingen der Messer sind markiert, die Zinken der Gabel aus Messing. Auf der Klinge des Vorlegemessers das kurbrandenburgische Wappen auf der einen Seite und das kursächsische auf der anderen.
Deutsche Arbeit, um 1580
Länge: Vorlegemesser: 42 cm Gabel: 25 cm
Messer: 24,5 cm
HMD: X 380; Ehrenthal: M 37

13 Jagdschwert
Die eisernen Griffteile sind in Eisenschnittechnik verziert. Auf vergoldetem Grunde treten gebläute reliefplastische Reiterdarstellungen unter Arkaden und auf den flacheisernen Stangen und Bügeln figurale und vegetabile Ornamente hervor. Die zweischneidige Solinger Klinge ist an der Angel markiert. Ihre kurze Mittelrinne trägt die Buchstaben ANNA. Die Metallteile – Mundblech und Ortband – zeigen die gleiche Ornamentation wie die Parierstangen.
Deutsche Arbeit, Anfang 17. Jh.
Länge: 95 cm Klinge: 80 cm Gewicht: 900 g
HMD: X 321; Ehrenthal: M 257

14 Drei Jagdspieße
Bärenspieß (rechts)
Die breite, kräftige Klinge mit starkem Mittelgrat und sechseckiger Tülle ist in der unteren Hälfte gebläut und mit Silbertauschierung verziert. Der Übergang von der Tülle zum Schaft ist mit Textilwerk – farbigen Fransen

mit darüberliegendem silbernem Netz – verkleidet. Um den Schaft winden sich schräglaufende Samtriemen, die mit großköpfigen Ziernägeln befestigt sind und die Grifffestigkeit vergrößern sollen. Der erforderliche Knebel fehlt.
Französische Arbeit, um 1590
Länge der Klinge: 39 cm   Gesamtlänge: 218 cm
HMD: X 3
Jagdspieß (Mitte)
Das schmale, glatte Blatt wird durch einen Mittelgrat verstärkt. Die sechseckige Tülle ist reich geätzt und vergoldet. Am Schaft, mit einem Lederriemen angebunden, ein Knebel aus Hirschhorn, graviert, mit der Jahreszahl 1727. Der Schaft ist mit Lederriemen umwunden.
Sächsische Arbeit, 1. Hälfte 17. Jh.
Länge der Klinge: 36 cm   Gesamtlänge: 204 cm
HMD: X 57; Ehrenthal Gewehrgalerie: 630
Bärenspieß (links)
Die untere Hälfte der breiten, kräftigen Klinge mit sechseckiger Tülle ist beiderseits reich geätzt und die Ätzung mit Schwarzlot grundiert. Auf der einen Seite die Inschrift PIETATE ET IVSTITIA. Der Übergang von der Tülle zum Schaft ist mit Textilwerk verkleidet, das mit goldenem Netz überzogen ist. Der Schaft aus Rebenholz ist genarbt (gepickt) und mit Samtriemen umwunden.
Französische Arbeit, um 1590
Länge der Klinge: 32,5 cm   Gesamtlänge: 195 cm
HMD: X 6; Ehrenthal: M 435

15 Radschloßbüchse
Alle Eisenteile der Büchse sind gebläut, die Beschläge geschnitten und vergoldet, der Schaft ist mit Hirschhorn eingelegt. Dargestellt sind Tiere, Fabelwesen und Motive der barocken Ornamentik. Das Visier wird von einem goldenen Drachen gebildet. Auf dem schuppenartig geschnittenen Lauf finden sich die Buchstaben GG und die Jahreszahl 1611.
Arbeit von Georg Geißler, Dresden, 1611
Länge: 102 cm   Lauf: 64 cm   Gewicht: 1750 g
HMD: G 237; Ehrenthal Gewehrgalerie: 237

16 Drei Pulverflaschen
aus Elfenbein, gedrechselt und geschnitten. Jagdutensilien aus Elfenbein erfreuten sich in der ersten Hälfte des 17. Jahrhunderts großer Beliebtheit. Sie waren jedoch mehr Luxusgegenstand als Jagdgerät.
Deutsche Arbeit, 1. Hälfte 17. Jh.
Höhe: oben 14 cm, Mitte 14,5 cm, unten 13 cm
HMD: X 1266/X 169 a/X 758

17 Drei Jagdpfeifen
mit silbervergoldeten Bügeln. Die linke und die rechte aus Elfenbein. Die rechte teilweise grün gefärbt. Die mittlere aus Serpentin. Deutsche Arbeit, Anfang 17. Jh., die mittlere 2. Hälfte 16. Jh.
Länge: 8,5 cm / 7 cm / 12 cm
HMD: X 510a / X 512 / X 511

18 Jagdschwert
Die eisernen Griffteile und der Klingenansatz sind beiderseits gebläut und reich mit Gold und Silber tauschiert. Auf dem flachen Knauf Darstellungen des Marcus Curtius und Mucius Scävola. Der Griff und die flachen Bügel zeigen als Dekoration Blüten und Ranken, Insekten, Hasen, Vögel und Engelsköpfchen. Auf beiden Seiten des Klingenansatzes sich um einen Pfeil beziehungsweise Stab windende Schlangen, eingerahmt von Palmwedel und Lorbeerzweig. Die flache, zweischneidige Klinge ist markiert.
Deutsche Arbeit, um 1620
Länge: 96,5 cm   Klinge: 79,5 cm   Gewicht: 1250 g
HMD: X 317; Ehrenthal: M 270

19 Balester

Die geschweifte Säule aus braunem Holz endet hinten in einer Ballancekugel und vorn in einer ausgeprägten Spitze in Gestalt eines stilisierten Tierkopfes. Auf der hinteren Grifffläche eine geschnitten liegende vollplastische weibliche Halbfigur. Die eisernen Teile der Visiereinrichtung und der Abzugshebel sind goldtauschiert beziehungsweise teilweise vergoldet. Die zweisträngige Sehne mit Kugelsack fehlt.
Italienische Arbeit, Anfang 17. Jh.
Länge: 77 cm Breite: 60 cm Gewicht: 1300 g
HMD: U 168

20 Hirschfänger

Die Griffteile des Hirschfängers sind aus vergoldetem Silber, graviert und mit Türkisen in Goldkastenfassung besetzt. Beiderseits der Stangen plastische, silbervergoldete Tierfiguren – ein Hase und ein Hirsch – und auf dem muschelartigen Stichblatt zwischen Türkisen in gleicher Art ein Löwe, der von Hunden bedrängt wird. Die breite Klinge mit schmaler Mittelrinne ist markiert. Mundblech und Ortband der schwarzsamtenen Scheide sind silbervergoldet und in der Art der Griffteile dekoriert; am Ortband, plastisch gestaltet, ein jagender Hund, auf der Rückseite das gleiche Motiv graviert, auf dem Mundblech eine flüchtende Sau.
Deutsche Arbeit, vor 1620
Länge: 96,5 cm Klinge: 81 cm Gewicht: 1200 g
Scheide: 300 g HMD: X 325; Ehrenthal: M 261

21 Hirschfänger

Die eisernen Griffteile sind geschnitten und zeigen neben Tiermotiven einen hornblasenden Jäger. Sie werden von Ziernieten gehalten. Auf der Klinge, die längs des Rückens eine Hohlkehle hat, ist eine Marke. Die Beschläge der Scheide zeigen die gleiche Dekoration wie die Griffteile. Zur Waffe gehören die drei Besteckteile Messer, Gabel und Feile mit Spicknadel, deren eiserne Griffe in Tierköpfen enden.
Deutsche Arbeit, 1708
Länge: 82,5 cm Klinge: 68 cm Gewicht ohne Scheide: 950 g
HMD: X 439

22 Drei Hifthörner

aus Elfenbein geschnitten,
(oben)
in Gestalt eines Delphins, der auf dem Kopf das kurfürstlich-sächsische Wappen eingeschnitten trägt.
Länge: 26 cm Gewicht: 210 g
HMD: X 195; Ehrenthal: M 247
(Mitte)
der achtkantige Körper ist ringartig unterteilt. Die Flächen sind graviert. Die Gravierung ist mit Farbe ausgefüllt. Die Dekoration zeigt geometrische und florale Motive, die durch Jagdtiere belebt werden.
Länge: 23 cm Gewicht: 120 g
HMD: X 1303; Ehrenthal: M 258
(unten)
in Gestalt eines Delphins, der ebenfalls auf dem Kopf das kurfürstlich-sächsische Wappen eingeschnitten trägt.
Länge: 27 cm Gewicht: 170 g
HMD: X 499; Ehrenthal: M 253
Alle drei Hörner sind deutsche Arbeiten und datieren Anfang des 17. Jh.

23 Patronenbüchse

Die hölzerne, mit Stoff bezogene Büchse hat innen vier Bohrungen für Patronen. Der durchbrochene Silberbeschlag ist geätzt und zeigt eine Reiterdarstellung. Auf der silbernen Kappe das kursächsische Wappen. Deutsche Arbeit, Anfang 17. Jh.
Höhe: 12 cm Gewicht: 320 g
HMD: X 1025

24 Pulverflasche mit Kugelbeutel
samt Radschloßschlüssel und Gehänge. Der Flaschenkörper aus Horn zeigt in eingefärbter Ätzung zwischen Ornamenten das sächsische Kurwappen und die Initialen C.D.II.H.Z.S.C. = Christian Der Zweite Herzog zu Sachsen Churfürst. Die Eisenteile der Flasche, der Schlüssel und die Beschläge der Tasche waren ehemals vergoldet. Der lederne Kugelbeutel ist mit hellfarbenen Applikationen besetzt, die mit Goldfäden bestickt sind. Das Gehänge besteht aus einem flachen, bestickten Lederteil, einer geflochtenen grün-goldenen Schnur und sechs grünen Quasten, die mit goldenen Netzen überzogen sind.
Deutsche Arbeit, Anfang 17. Jh.
Gewicht der Flasche: 430 g Höhe: 22,5 cm
HMD: X 1265

25 Zwei Radschloßbüchsen
sogenannte Tschinken. Die achtkantigen Läufe der leichten, zierlichen Gewehre sind wie die Schloßplatten und andere Schloßteile am Ansatz, in der Mitte und an der Mündung geschnitten und vergoldet. Die Schäfte mit stark abgewinkelten Kolben sind reich mit Hirschhorn- und Perlmutteinlagen verziert. Tschinken waren vornehmlich Damengewehre. Ihr mit 7 mm kleines Kaliber läßt darauf schließen, daß mit ihnen vor allem Klein- und Flugwild gejagt wurde.
Teschener Arbeit, Anfang 17. Jh.
Länge: 117/114,5 cm Läufe: 99,5/88,5 cm
Gewicht: 2700/2400 g
HMD: G 224/225; Ehrenthal Gewehrgalerie: 224/225

26 Radschloßpistole und Radschloßstutzen
Auf dem blanken, achtkantigen Lauf der Radschloßpistole die eingeschlagene Meisterinschrift MARTIN SÜSSEBEKKER IN DRESDEN FECIT. Die Schloßteile sind geätzt, der Raddeckel ist vergoldet. Der Schaft ist mit teilweise gravierten Hirschhornintarsien verziert. Die Dekoration zeigt neben Rankenornamenten Fabelwesen, die Vertreibung aus dem Paradies, Pallas Athene und Vögel zwischen Blüten.
Arbeit von Martin Süßebecker, Dresden, Mitte 17. Jh.
Länge: 66,5 cm Lauf: 46,5 cm Gewicht: 1350 g
HMD: G 367
Der hochpolierte und gebläute Lauf des Stutzens ist teilweise geschnitten, vergoldet und silbertauschiert, ebenso die Unterseite des Abzugsbügels. Kolben und Schaft sind mit zum Teil gravierten Hirschhorneinlagen und Perlmutt verziert. Die Dekoration zeigt verschiedene Tiere zwischen Ranken und eine hornblasende Figur.
Teschener Arbeit, Mitte 17. Jh.
Länge: 70 cm Lauf: 48,5 cm Gewicht: 1100 g
HMD: G 508

27 Hirschfänger
Der blankeiserne Griff ist durchbrochen gearbeitet und zeigt plastische, zum Teil gravierte florale Dekoration. Die schmale Klinge mit Mittelgrat ist graviert und trägt die verstümmelten Inschriften INTE DOMNI SPERAB NON und OMNIA SIPENDES FAMAN SERVARE MEMENTO auf der einen Seite sowie PRO REGNO & RELIGIONE und INTE DOMINE SPERAVI NON CONFUNDER auf der anderen.
Laut Inventar von 1671 hat der sächsische Kurfürst Johann Georg II. diese Waffe in Italien (Brescia?) ankaufen lassen.
Italienische Arbeit, zwischen 1656 und 1671
Länge: 104 cm Klinge: 90 cm Gewicht: 600 g
HMD: X 355; Ehrenthal: M 400

28 Radschloßbüchse
Der achtkantige, blanke Lauf, auf dem eine kurze Zielrinne eingeschliffen ist, zeigt das Meistermonogramm

GM. Das Schloß hat zwei Hähne und der Abzugsmechanismus einen Stecher. Kolben und Schaft sind sparsam mit Hornintarsien verziert. Der Kolben hat einen Schuber.
Deutsche Arbeit, Mitte 17. Jh.
Länge: 114 cm Lauf: 85 cm Gewicht: 4650 g
HMD: G 210; Ehrenthal Gewehrgalerie: 210

29 Hirschfänger
Die eisernen Griffteile sind vergoldet, teilweise plastisch gestaltet und tragen farbig emaillierte Medaillons. Am Knauf, auf der Vorderseite, eine Bärenjagd mit Jäger und Hunden, auf der Rückseite eine Hasenjagd. Auf dem Stichblatt eine Hirschjagd. Um das Stichblattmedaillon zwei Hunde, die an den Hinterläufen durch eine Kette verbunden sind. Die plastisch gestalteten Stangen zeigen links einen Hundekopf mit Halsband, auf dem die Buchstaben MVWS eingeschnitten sind, und rechts einen Fischleib mit ausgeprägter Schwanzflosse. In der kurzen Mittelrinne der Klinge erkennt man Spuren von einer Inschrift.
Deutsche Arbeit, 1. Hälfte 17. Jh.
Länge: 99,5 cm Klinge: 84,5 cm Gewicht: 950 g
HMD: X 328; Ehrenthal: M 317

30 Jagdhorn
Das schwarz-braun-weiße Horn ist am Mundstück und am Schalloch in geätztes Silber gefaßt.
Deutsche Arbeit, 17. Jh.
Länge: 62,5 cm Gewicht: 600 g
HMD: X 509

31 Jagdgarnitur
aus Hirschhorn. Die Garnitur besteht aus einer Radschloßbüchse, zwei Paar Radschloßpistolen. Hirschfänger, Pulverflasche und Hifthorn. Die Büchse und drei Pistolen sind nicht abgebildet. Die Eisenteile der einzelnen Stücke sind reich in Gold- und Silbertausia dekoriert. Ein Pistolenpaar trägt die Augsburger Beschaumarke.
Deutsche Arbeit, um 1670
Länge: Hirschfänger: 84 cm; Pulverflasche: 15,5 cm; Pistole: 55 cm; Hifthorn: 27 cm
HMD: X 737 / X 746; Ehrenthal: M 15/ 387 / 467 a–c

32 Hundehalsband
Das breite, lederne Halsband trägt eine Eisenplatte, die in nachgeschnittener Treibarbeit Darstellungen einer Sauhatz zeigt und mit der Inschrift versehen ist: Eine alte Hennebergische Schweinehatz. Von gleicher Art befinden sich noch zwei andere Halsbänder in der Dresdener Sammlung.
Deutsche Arbeit, um 1661
Länge: 49 cm Breite: 12,5 cm
HMD: X 89 b; Ehrenthal: M 407

33 Zwillingsgewehr
mit zwei Steinschlössern. Die hochpolierten Flintenläufe sind miteinander durch eine Schiene verbunden, die zugleich als Zielrinne dient. Der Schaft aus schön gemasertem Nußbaumwurzelholz ist mit getriebenen Silberbeschlägen verziert. Auf beiden Schloßplatten findet sich die eingeschlagene Meisterinschrift PESSONNEAU A LA PLACE DE LA BALENE A LION.
Arbeit von Pessonneau, Lyon, Ende 17. Jh.
Länge: 145 cm Läufe: 105 cm Gewicht: 3100 g
HMD: G 1360

34 Steinschloßgewehr
Das doppelläufige Gewehr ist als sogenannter Wender eingerichtet. Jeder der beiden Läufe hat eine eigene Pulverpfanne und eine eigene Batterie. Sie sind um eine Achse drehbar, sechskantig und mit einem siebenfachen beziehungsweise achtfachen Rosenzug versehen.

Die gewölbte Schloßplatte ist geätzt und zeigt neben floraler Ornamentik den Hlg. Georg im Kampf mit dem Drachen und an der Hinterkante den Namen des Herstellungsorts LEIBSIG.
Arbeit von Johann Escher, Leipzig 1674
Länge: 94 cm   Läufe: 54,5 cm   Gewicht: 4570 g
HMD: G 73; Ehrenthal Gewehrgalerie: 73

35   Steinschloßgewehr
Der blankpolierte, achtkantige Büchsenlauf ist mit sieben Zügen versehen und am Ansatz dekorativ geätzt. Auf der Oberseite der Meistername GEORG ZÖFFEL, der sich auch auf der Schloßplatte wiederfindet. Die geätzten und geschnittenen Verzierungen der Schloßteile zeigen neben barocker Ornamentik Jagdmotive. Gegenplatte, Abzugsbügel und die Beschläge des leicht verschnittenen Kolbens sind vergoldet. Der Kolben hat einen Schuber und der Abzugsmechanismus einen Stecher.
Arbeit von Georg Zöffel, Wiesenthal, um 1680
Länge: 113,5 cm   Lauf: 75 cm   Gewicht: 4000 g
HMD: G 1070; Ehrenthal Gewehrgalerie: 1070

36   Radschloßgewehr
Der Flintenlauf des zierlichen Gewehrs ist fischgrätenartig geschnitten und im ersten Drittel gerieft. Auf dem Lauf befindet sich der Meistername des Laufschmiedes LAZARINO COMINAZZO. Das blankpolierte Schloß ist dekorativ geschnitten. Schaft und Kolben sind reich mit durchbrochenen Eisenintarsien verziert.
Italienische Arbeit, Lauf von Lazarino Cominazzo, Gardone, Ende 17. Jh.
Länge: 99 cm   Lauf: 67 cm   Gewicht: 1950 g
HMD: G 1441; Ehrenthal Gewehrgalerie 1441

37   Steinschloßgewehr als Hinterlader
mit Magazinen für 20 Schuß. Die Magazine für Kugeln und Pulverladungen sind im Kolben untergebracht. Mittels Betätigung des Hebels werden Kugel und Pulverladung in den Lauf geschoben, wird die Pulverpfanne gefüllt und der Abzugsmechanismus gespannt. Die Schloßteile sind graviert. Kolben und Schaft aus Nußbaum haben dekorative, durchbrochene Beschläge. Auf der Kolbenplatte die Signatur des Verfertigers.
Arbeit von Giacomo Filippo Bondioli, Bologna, Ende 17. Jh.
Länge: 111 cm   Lauf: 68 cm   Gewicht: 3000 g
HMD: G 62; Ehrenthal Gewehrgalerie: 62

38   Pulverflasche
aus Damhirschgeweih. Die Flächen sind beiderseits graviert und zeigen Jagddarstellungen. Auf der Rückseite die Jahreszahl 1687.
Deutsche Arbeit, 1687
Höhe: 20 cm   Gewicht: 330 g
HMD: X 778

39/40   Radschloßbüchse
Auf dem blanken, achtkantigen Lauf in geätzter Umrahmung die Jahreszahl 1663 und die Meistersignatur FRIEDERICH BICKHEL IN DURLACH. Hahn und Schloßplatte sind ebenfalls geätzt. Der Radbeschlag aus Messing ist durchbrochen und vergoldet. Auf der Schloßplatte unterhalb des Pfannendeckels erkennt man die Buchstaben FB und die Jahreszahl 1663. Die geätzte Dekoration zeigt neben Jagdtieren die Szene Diana im Bade, von Aktäon belauscht. Die durchbrochenen Teile zieren musizierende Engel und Fabelwesen. Der geschnittene Kolben ist mit Rankenornamenten, Jagdszenen und gravierten Messingbeschlägen dekoriert.
Arbeit von Friederich Bickhel, Durlach, 1663
Länge: 112 cm   Lauf: 85 cm   Gewicht: 4400 g
HMD: G 249; Ehrenthal Gewehrgalerie: 249

41 Revolverflinte

zu fünf Schuß, die in der drehbaren Trommel magaziniert sind. Der gebläute Lauf ist ornamental vergoldet, ebenso die Trommel. Der Hahn und die fünf Batterien sind aus blankem Eisen, die Schloßplatte ist graviert und zeigt unter dem Bügel des Hahns die Signatur GEP in Carlsbad. Der Kolben ist verschnitten und mit gravierten Messingbeschlägen besetzt.

Karlsbader Arbeit, um 1720

Länge: 150 cm Lauf: 113,5 cm Gewicht: 4000 g

HMD: G 59; Ehrenthal Gewehrgalerie: 59

42 Windbüchse

Auffallend die Messingkugel als Speicher der komprimierten Luft, die durch einen Kanal in den Verschluß geleitet wird. Daneben ist die Büchse noch mit dem ursprünglichen Steinschloß ausgerüstet. Der achtkantige Lauf ist gebläut und goldtauschiert. Der geschnittene Nußbaumschaft ist mit gravierten Messingbeschlägen dekoriert. Auf der Schloßplatte hinter der Batteriefeder erkennt man die Signatur FP.

Arbeit aus der Manufaktur Olbernhau in Sachsen, Anfang 18. Jh.

Länge: 116 cm Lauf: 86 cm Gewicht: 2500 g

HMD: G 87; Ehrenthal Gewehrgalerie: 87

43 Hinterladergewehr

mit Steinschloß. Beim Drehen des Abzugsbügels wird eine Öffnung im Lauf frei, die ein Laden von hinten ermöglicht. Beim Rückdrehen des Bügels wird die Zündpfanne mit Pulver gefüllt. Der Lauf ist mit JB signiert, und die gravierte Schloßplatte trägt den Namen BRION A PARIS. Im Kolben können Reservekugeln und die dazugehörigen Pulverflaschen untergebracht werden.

Arbeit von J. Brion, Paris, 1. Drittel 18. Jh.

Länge: 115 cm Lauf: 76 cm Gewicht: 2300 g

HMD: G 64; Ehrenthal Gewehrgalerie: 64

44 Zwei Hirschfänger

kombiniert mit Steinschloßpistolen. Die Griffe aus Nußbaumholz sind geschnitten und enden in plastisch gestalteten Bärenköpfen. Die Schloßplatten und die Laufansätze sind mit eingeschnittenen dekorativen Elementen kunstvoll verziert. Die Klingen haben einen Rücken. Auf ihnen befinden sich schlichte Ätzdekorationen. Die untere Waffe ist signiert: NIEFIND IN OLBERNHAU.

Sächsische Arbeit, um 1725

Länge: 81,5 / 75 cm Klinge: 66 / 60 cm

Gewicht: 1000 / 900 g

HMD: X 440 / X 519; Ehrenthal Gewehrgalerie: 124 / 125

45 Zwei Hirschfänger

(links)

Die eisernen Griffteile sind gebläut, geschnitten und vergoldet. Als Dekoration dient Blatt- und Blütenornamentik im Chinoiseriestil. In die kräftige, gekrümmte Klinge ist längs des Rückens eine Hohlkehle eingearbeitet. Die dazugehörige Scheide ist mit eingepreßten Perlmuttsplittern verziert. Mundblech und Ortband zeigen die gleiche Dekoration wie die Griffteile.

Japanische Arbeit?, 1. Hälfte 18. Jh.

Länge: 82,5 cm Klinge: 69 cm Gewicht: 800 g

HMD: X 438

(rechts)

Die Griffteile, aus Bronze gegossen, nachgeschnitten und vergoldet, stellen Motive aus dem Jagdleben dar. Der Knauf und das Griffstück zeigen einen Bären und einen Löwen, ineinander verbissen, dazu – auf der Rückseite – einen Hund, der den Bären anfällt. Ein Jäger sticht mit einem Spieß nach dem Löwen. Die kurzen Stangen bilden auf Astwerk ruhende Löwen. Die schmale Klinge ist an der Spitze zweischneidig und am Ansatz sparsam dekoriert. Entlang des Rückens verläuft eine Hohlkehle. Die Metallteile der dazugehörigen

Scheide entsprechen dem Griff. Deutsche Arbeit, um 1690
Länge: 79,5 cm   Klinge: 65 cm   Gewicht: 750 g
HMD: X 356; Ehrenthal: M 396

46 Armbrust
mit deutscher Zahnstangenwinde. Der starke Stahlbogen wird von einer vergoldeten Strickverankerung gehalten. Die Säule ist mit ungeschältem Hirschhorn belegt, lediglich die Oberkante trägt eine geschliffene Hirschhornfläche, die teilweise gravierte Jagddarstellungen zeigt. Am Bolzenlager vorn erkennt man die Jahreszahl 1737. Auf der schmucklosen, kräftigen Zahnstangenwinde, die zum Spannen des Bogens dient, ist die Zahl 14 eingeschnitten.
Deutsche Arbeit, 1737   Länge: 66 cm
Breite: 66 cm   Gewicht: 5400 g   Winde: 2600 g
HMD: U 263; Ehrenthal Gewehrgalerie: 266

47 Steinschloßflinte
Der achtkantige Lauf, der am Ansatz vorzügliche Ätzung auf vergoldetem Grunde aufweist, trägt auf der blanken Oberfläche den eingeschlagenen Meisternamen GEORG LIPPERT IN EGERSTADT. Der Lauf beherbergt auch den Steinschloßmechanismus. Hahn und Pulverpfanne befinden sich innen, der geriffelte Pfannendeckel verschließt den Lauf. Im geschlossenen Zustand schlägt der Feuerstein beim Abschuß gegen die Riffelung und entzündet das Pulver in der Pfanne. Das Zündloch liegt in der Mitte des Laufquerschnittes. Der Kolben ist leicht verschnitten. Die vergoldeten Messingbeschläge sind teilweise graviert.
Arbeit von Georg Lippert, Eger, um 1720
Länge: 129 cm   Lauf: 90,5 cm   Gewicht: 2500 g
HMD: G 66; Ehrenthal Gewehrgalerie: 66

48 Zwei Radschloßbüchsen
(oben)
sogenannter Saurücken. Auf dem blanken, sechskantigen Lauf des sehr schweren Gewehrs der Meistername FUTTER A DRESDE 1756. Das vorzüglich gravierte Schloß weist ebenfalls den Meisternamen auf und zeigt zwischen barocker Ornamentik Jagdmotive. Der sparsam verschnittene Kolben mit Schuber und der Schaft sind mit Hirschhorneinlagen verziert. Der Abzugsmechanismus hat einen Stecher.
Arbeit von Johann Joseph Futter, Dresden, 1756
Länge: 121 cm   Lauf: 93 cm   Gewicht: 7000 g
HMD: G 471; Ehrenthal Gewehrgalerie: 471
(unten)
Auf dem Ansatz des blanken, achtkantigen Laufes finden sich der Meistername MILOTTA A DRESDE und eine vergoldete Meistermarke. Der Meistername kehrt auf dem reich verzierten Schloß wieder. Die geschnittene und gravierte Dekoration der Schloßteile zeigt Jagdmotive zwischen barocker Ornamentik. Schaft und Kolben sind mit Hirschhorneinlagen dekoriert. Der Abzugsmechanismus hat einen Stecher und der Kolben einen Schuber.
Arbeit von Johann Leopold Milotta, Dresden, 2. Drittel 17. Jh.
Länge: 117,5 cm   Lauf: 88 cm   Gewicht: 6000 g
HMD: G 449; Ehrenthal Gewehrgalerie: 449

49 Weidbesteck
Der Griff der Weidplötze ist aus vergoldetem Silber und hat die Gestalt eines sich auf seinen Hinterläufen aufbäumenden, von Hunden angefallenen Hirsches. Die breite und schwere Klinge ist längs des Rückens und am Ansatz geätzt. Der Ansatz ist vergoldet und zeigt die Initialen AR und eine Königskrone. In der Scheide stecken fünf Besteckmesser, deren Griffe hetzende Hunde darstellen. Die Messergriffe sind in der gleichen Art gestal-

tet wie der Griff der Weidplötze. Sind alle Messer zusammengesteckt, ergibt die Griffzone des Weidbestecks eine Hirschhatz. Die Scheide ist silbervergoldet und trägt in reicher Treibarbeit eine auf Jagdtrophäen thronende Diana, das sächsisch-polnisch-litauische Wappen und verschiedene Wilddarstellungen.
Deutsche Arbeit, 2. Drittel 18. Jh.
Länge: 64 cm Klinge: 50,5 cm Gewicht: 1850 g
HMD: X 503; Ehrenthal Gewehrgalerie: 122

50 Radschloßbüchse
sogenannter Saurücken. Der sechskantige, blanke, dickwandige Lauf des schweren Gewehrs zeigt längs der oberen Seitenflächen ein eingeschnittenes Rankenornament. Die obere Kante ist wellenförmig geschliffen, wodurch ein genaues Zielen erschwert wird. Der Ansatz des Laufes trägt die Meisterinschrift LE MILOTTA A DRESDE 1752 und zwei Marken. Das Schloß ist reich graviert und geschnitten und zeigt in vorzüglicher Ausführung Jagddarstellungen. Schaft und Kolben sind mit gravierten und zum Teil eingefärbten Hirschhorneinlagen verziert, die Jagdmotive zum Gegenstand haben. Der Abzugsmechanismus hat einen Stecher, und der Kolben hat einen Schuber.
Arbeit von Johann Leopold Milotta, Dresden, 1752
Länge: 118 cm Lauf: 88,5 cm Gewicht: 6450 g
HMD: G 531; Ehrenthal Gewehrgalerie: 531

51 Stockgewehr
als Windbüchse gearbeitet. Der mit Leder bezogene und mit Wangenstück versehene Kolben dient als Behälter für die komprimierte Luft. Der Kolben und der Lauf sind auf das Schloßteil aufschraubbar. Der eiserne Lauf ist mit Messingrohr ausgelegt und mit Holz verkleidet. Auf dem Schloß befindet sich eine bronzene Abdeckplatte mit dem Namen PROKOP. Der Abzugsbügel ist ebenfalls aus Bronze.
Deutsche Arbeit?, 18. Jh.
Länge: 132 cm Lauf: 93,5 cm Gewicht: 2750 g
HMD: G 80 a

52 Steinschloßbüchse
Der blanke, achtkantige Lauf der schweren Büchse ist mit sieben Zügen versehen. Am Ansatz geätzt ein Jäger mit Hund und eingeschnitten der Meistername PHILIPH MÜLLER A DRESDE. Hahn, Schloßplatte, Abzugsbügel und Kolbenplatte sind gleichfalls geätzt und teilweise vergoldet. Auf der Schloßplatte wiederholt sich die Meisterinschrift. Sie gibt außerdem die Stelle an, die die Waffe in der Serie einnimmt: Nr. 2. Die Schloßgegenplatte ist durchbrochen, geätzt und vergoldet. Sie zeigt barocke Ornamente. Das Zündloch wird mittels einer Schraube verstopft.
Arbeit von Philipp Müller, Dresden 1754
Länge: 117 cm Lauf: 78 cm Gewicht: 4350 g
HMD: G 99; Ehrenthal Gewehrgalerie: 99

53 Steinschloßgewehr
Das lange und reich verzierte Gewehr mit Flintenlauf ist am Laufansatz geschnitten und graviert. Als Dekoration sind Waffentrophäen mit einer Kriegerfigur gewählt. Der Meistername REWER A DRESDE ist auf dem Lauf und auf der Platte des fein geschnittenen und gravierten Schlosses zu finden. Der leicht verschnittene Schaft aus schön gemasertem Nußbaumwurzelholz ist mit teilweise gravierten Silberintarsien verziert und zeigt neben Rankenornamentik Reiterfiguren und Fabelwesen. Arbeit von Johann Friedrich Rewer, Dresden, Mitte 18. Jh.
Länge: 160 cm Lauf: 120 cm Gewicht: 3700 g
HMD: G 1562

54 Steinschloßflinte
Der außen am Schaft angebrachte Schloßmechanismus ist von einem silbernen Kasten umgeben, der mit einem

Deckel verschlossen werden kann. Der außerhalb des Kastens befindliche Hebel dient zum Spannen bei geschlossenem Deckel. Auf dem Ansatz des achtkantigen Laufes der silbertauschierte Meistername LUDEWIG GOTTFRIED HAHN A WERNIGERODE und eine in Messing eingeschlagene Marke mit der Jahreszahl 1787. Der schlichte Kolben hat einen Schuber. Der Abzugsbügel ist aus Holz geschnitten.
Arbeit von Ludwig Gottfried Hahn, Wernigerode, 1787
Länge: 124 cm Lauf: 85,5 cm Gewicht: 3600 g
HMD: G 75; Ehrenthal Gewehrgalerie: 75

55 Wildbretwaage
sogenannte Zugwaage. Sie besteht aus einer starken, gebogenen stählernen Blattfeder, der Skalenplatte, dem Zünglein, zwei Haken und einer Aufhängeöse. Die Skalenplatte und das Zünglein sind aus Messing. Auf der Platte befinden sich zwei Wägebereiche: von 5 bis 100 Pfund und von 1 bis 7 Zentner, darüber hinaus das kursächsische Wappen und die Inschrift: Jagt-Gewicht C zu 100 ℔ gerecht 1776. Der kleinere Haken ist für die Gewichte bis zu 100 Pfund und der größere für die Zentnergewichte ausgelegt.
Deutsche Arbeit, 1776
Gewicht: 2300 g HMD: X 431

56 Jagdgewehr
doppelläufig, mit Perkussionsschloß. Die Läufe des Zwillingsgewehrs sind durch eine Schiene miteinander verbunden und mit ringartigem Ätzdamast überzogen. Die Mittelschiene trägt auf der Oberseite den goldeingeschlagenen Namenszug M. FRIESE in DRESDEN. Auf der Schloßplatte, den Hahnansätzen und auf den Verkleidungen der Zündkanäle finden sich barockisierende vegetabile Ornamente. Die Hähne sind als Delphine gestaltet. Der Name des Meisters ist auf der Schloßplatte wiederholt. Der Schaft aus Nußbaumholz mit schöner Wurzelmaserung ist an der Dünnung fischhautartig geschnitten und zeigt auf der linken Seite ein seit dem 16. Jh. für deutsche Gewehre typisches Wangenstück.
Arbeit von Moritz August Friese, Dresden, 2. Drittel 19. Jh.
Länge: 123,5 cm Läufe: 83 cm Gewicht: 3490 g
HMD: G 1929

LITERATURVERZEICHNIS

Blackmore, Howard — Hunting Weapons, London 1971

Blair, Claude — European and American Arms, London 1962

Boccia, Lionello — Nove Secoli Di Armi Da Caccia, Florenz 1967

Döbel, Heinrich — Neueröffnete Jägerpractica, Leipzig 1774

Ehrenthal, Max v. — Führer durch das Königl. Historische Museum zu Dresden, Dresden 1899

Ehrenthal, Max v. — Führer durch die Königl. Gewehrgalerie zu Dresden, Dresden 1900

Fleming, Hanns Friedrich v. — Der vollkommene teutsche Jäger, Leipzig 1719

Hayward, John F. — The Art of the Gunmaker, London 1962

Hoff, Arne — Feuerwaffen, Braunschweig 1969

Lemke, Karl/Stoy, Franz — Jagdliches Brauchtum, Berlin 1971

Ludwig, Joachim — Wörterbuch der Weidmannssprache Berlin 1966

Nickel, Helmut — Ullstein Waffenbuch, Frankfurt/M. 1974

Pigler, Anton — Barockthemen, Budapest 1956

Sälzle, Karl — Keysers Jagdbrevier, Heidelberg/München 1959

Sälzle, Karl — Schätze des deutschen Jagdmuseums München, Köln o. J.

Schaal, Dieter — Die Dresdener Büchsenmacher, Dresden 1975

Schaal, Dieter — Jagdgewehre, Dresden 1973

Schaal, Dieter	Die Wildwaagen des Historischen Museums. In: Jahrbuch der Staatlichen Kunstsammlungen Dresden 1970/71
Schöbel, Johannes	Barockes Halali Leipzig 1968
Schöbel, Johannes	Prunkwaffen Berlin/Leipzig 1973
Seifert, Gerhard	Der Hirschfänger Schwäbisch Hall 1973
Seitz, Heribert	Blankwaffen Braunschweig 1968
Seydlitz, Woldmar v.	Die Kunst in Sachsen Dresden 1921
Steeger, Ernst/ Nitzsche, Adolf	Explication des im Königl. Sächs. Jägerhaus zu Neustadt b. Dresden befindlichen Jagd- und Stellzeuges Fürth b. Chemnitz 1827
Vehse, Eduard	Geschichte der Höfe des Hauses Sachsen Hamburg 1854
Verfasser unbek.	Jagdbuch des Kurfürsten Christian I. v. Sachsen 1590 (Handschrift)

INHALT

Vor- und Nachsatz
Forschungsbibliothek Gotha
Chart. A 741, Bl. 4 r und Bl. 25 r

Schöbel, Johannes
Jagdwaffen / von Johannes Schöbel
4. Aufl. – Berlin : Militärverlag der DDR, 1990. – 96 S. 59 Abb.

ISBN 3-327-00860-4

4. Auflage, 1990

Cheflektorat Militärliteratur
Lizenz-Nr. 5
LSV: 0559
Lektor: Klaus Dorst
Gesamtgestaltung: Wolfgang Ritter
Zeichnungen: Helmut Kloss
Printed in the German Democratic Republic
Gesamtherstellung: Grafische Werke Zwickau
Redaktionsschluß: 17. April 1989
Bestellnummer: 745 7438
01350